उसका अपना आकाश

भाषान्तर

डॉ. भगवान त्रिपाठी

मूल्य : एक सौ पच्चीस रुपये (Rs. 125.00)

प्रथम संस्करण : 2008 © प्रतिभा राय

ISBN : 978-81-7028-725-4

USKAA APNA AKAASH (Novel) by Dr. Pratibha Ray

Translated by Dr. Bhagwan Tripathi

राजपाल एण्ड सन्ज़, कश्मीरी गेट, दिल्ली-110 006

Website : www.rajpalpublishing.com

E-mail : mail@rajpalpublishing.com

उसका अपना आकाश

प्रतिभा राय

राजपाल

जिसके हाथों में समर्पित करती—वह शरीर लिए हुए नहीं है। 'शरीर मिथ्या—आत्मा सत्य'—यह थी उसके जीने की शैली। सोने में खोट मिले तो अलंकार बनते हैं—सत्य में कल्पना मिले तो कथा बनती है। इस कथा के कुछ चरित्र और घटनाएँ भले ही काल्पनिक हों, लेकिन जिसके लिए यह कथा बनी है—वह सत्य है—उसके शरीर की पीड़ा सत्य है—उसकी अविनाशी आत्मा सत्य है। देह के होते हुए भी, जो देह की अधीनता से मुक्त थी, उसकी देहातीत आत्मा को समर्पित है यह 'उसका अपना आकाश'।

—प्रतिभा दीदी

जीवन को अभिनय न मानकर, अभिनय को ही जीवन मान बैठने के कारण मनुष्य दुःख भोगता है।

खुद को बारीकी से खोजा जाए, तो उसमें अभिनय के सिवा और होता क्या है?

रंगमंच पर बैठा हुआ मनुष्य सोचता है, "यह मेरी गद्दी है, मैं हूँ सम्राट—मैं हूँ नायक।" फिर भी, परदा गिरने के बाद मुँह पर पुते प्रसाधन के रंगों की तरह सब कुछ झूठा लगने लगता है। अभिनय करना अभिनेता का काम है। पर्दे का गिरना उसके नियंत्रण में नहीं होता। यही जीवन है।

मनुष्य हमेशा आलोक की तलाश करता रहा है। आलोक की एक बूँद नजर आते ही मनुष्य चलने के नशे में जहाँ-तहाँ बढ़ने लगता है।

अँधेरे में आलोक को तलाशते हुए आगे बढ़ते समय ज़रूर झाड़-झंखाड़, कूड़े-करकट और उबड़-खाबड़ ज़मीन पर पैर पड़ते हैं, खून रिसता है। लेकिन घायल होने के भय से थक बैठें तो अँधेरा दबोचने लगता है। मनुष्य पंगु हो जाता है, अकर्मण्य हो जाता है—ईश्वर की तरह अकर्मण्यता, एक मानसिक स्थिति है और ईश्वर एक अनुभव, जो मनुष्य में स्थित एक चैतन्य है। ठीक उसी तरह अकर्मण्यता मनुष्य का एक अनुभव, जो मनुष्य में स्थित जड़ता-भाव है।

"कोई पंगु हो सकता है; लेकिन वह अकर्मण्य क्यों होगा?" यही था ओंकार का तर्क।

ट्रेन के पूरे सफर में जीवन, ईश्वर, जड़त्व, चैतन्य, क्रियाशीलता आदि पर सहयात्री मेहताजी के साथ खुलकर बहस हुई है ओंकार की। ट्रेन के डिब्बे में कुबड़े की तरह एक विकलांग, पंगु आदमी घुटनों के बल सरकते हुए बर्थ के नीचे के फर्श को एक हाथ से साफ कर रहा था और दूसरे हाथ से दस पैसे के सिक्के यात्रियों के बढ़े हुए हाथों से ले रहा था।

कच्ची मिट्टी की मूर्ति की भाँति उस आदमी का तमाम शरीर सिमट कर चिपक-सा गया था। दोनों पैर टेढ़ी-मेढ़ी हड्डियों के दो टुकड़ों की तरह बदन से चिपके हुए थे। देखने से लगता था, यदि दोनों पैर बिल्कुल न भी होते, तो भी उस आदमी का कुछ नुकसान नहीं हुआ होता। अब उसके दोनों पैर शरीर को अकारण भारी बनाते हुए चलने-फिरने में बाधा उपजा रहे हैं, जबकि दोनों पैर ही मनुष्य को चलने-फिरने लायक बनाते हैं।

उस आदमी के दोनों हाथ ही, हाथ और पैरों के काम आते थे। अभिज्ञ ढंग से नीचे हाथों का सहारा लिए वह अष्टवक्र की तरह कूबड़ से लदे विकलांग शरीर को तेज़ गति से ले चलते हुए तमाम डिब्बे में धँसता जाता था। एक फटा कपड़ा लिए, तकिये की तरह तह करके डिब्बे के कूड़े-करकटों को अच्छी तरह साफ कर लेता था। दिन भर में उसने तीन बार सफाई की है डिब्बे की। जिसने जो दिया है खुशी से ले लिया है।

लगता है, अपने विकलांग शरीर के कारण उस आदमी के मन में कोई खेद नहीं है, शायद कभी था भी नहीं। उसके खिले हुए चेहरे पर दुःख, क्षोभ, अफसोस का नामोनिशान भी नहीं है। पृथ्वी पर रह रहे चार पैरों और दो पैरों वाले जीवों की तरह वह भी मानो टेढ़े-मेढ़े पैरों वाला एक स्वाभाविक जीव है। वह आदमी जन्म से ही विकलांग है। पैर और तलवे का इस्तेमाल जीवन में कभी किया ही नहीं है। इसके लिए उसे कभी अफसोस नहीं हुआ है; अभाव-बोध भी नहीं। जो कभी था नहीं, कभी मिलने वाला नहीं, जीवन भर दुःखी होने से क्या लाभ? बल्कि जो है, जिसे काम में लाकर जीना संभव हो सकता है, जिसे काम में लगाया जा सकता है, जीवन भर की ऐसी अस्वाभाविकता को धीरे-धीरे एक स्वाभाविक घटना के रूप में मनुष्य स्वीकार कर लेता है।

उस आदमी से हाथ मिलाने की इच्छा हो रही थी ओंकार की। इस तरह के काफी विकलांग लोगों को भीख माँगते हुए उसने देखा है। सबके सामने अपने विकृत-अंग को वीभत्सता के साथ प्रदर्शित करते हुए दया, सहानुभूति और करुणा को उकेरने की उनकी तमाम कोशिशों को देखकर उसे कई बार क्षोभ हुआ है। लगता है, विकृत-अंग उनके दुःख का कारण नहीं है, खुद को विकलांग के रूप में प्रतिष्ठित करने की जीवन भर की साधना, यह भिक्षा-वृत्ति ही उनके दुःख का कारण है। उन्हें दस-बीस पैसों की भीख देकर क्या हम सचमुच धर्म कर बैठते हैं? किसी को अकर्मण्य तथा हीनमन्य बनने में सहायता करके मनुष्य क्या वास्तव में पुण्य कमाता है?

किसी विकलांग व्यक्ति को देखते ही दया, अनुकम्पा के बदले इस तरह के सवाल ओंकार के मन को झकझोरने लगते हैं, बोझिल बना डालते हैं।

आज मेहता ने 'बेचारा अकर्मण्य है' कहते हुए जब पचास पैसे उसके हाथ में डाल दिए, ओंकार ने प्रतिवाद करते हुए कहा था, "यह आदमी विकलांग है; लेकिन अकर्मण्य नहीं। विकलांगों को हम ही लोग उदार कहलाने की वाहवाही लेने के लिए अकर्मण्य बना डालते हैं। देखिए, आप उस आदमी से चालीस पैसे वापस ले आइए। उसे दस पैसे ही मिलने चाहिएँ। आप चालीस पैसे ज़्यादा क्यों देंगे? उसने आप से माँगे तो नहीं..."

मेहता तिलमिला उठे। कहा, "आजकल खुद दान करना तो दूर की बात है, कोई दूसरा दान करे तो लोगों को बर्दाश्त नहीं होता। इस बेचारे को मैंने यदि चालीस पैसे ज़्यादा दे दिए तो आप जैसे भले आदमियों को जेब से छिन जाने की तरह सिर दर्द क्यों हो रहा है?" ओंकार ने प्रतिवाद करते हुए कहा, "यह आदमी आपकी तरह, मेरी तरह अपना गुज़ारा खुद करता है। वह भीख नहीं माँग रहा है, जो आप उसे चालीस पैसे ज़्यादा देकर यह सोचते हुए आत्मसन्तोष करेंगे कि पुण्य कमा लिया। सुबह से तीन बार वह इस डिब्बे को साफ कर चुका है और हर एक से दस पैसे ही माँगता है। आप थोड़े पैसे ज़्यादा देकर भिक्षा-वृत्ति को क्यों उत्साहित कर रहे हैं?"

मेहता किसी भी हालत में उस आदमी से चालीस पैसे वापस लेना नहीं चाहते हैं। दान में दी हुई रकम वापस लेने से उनकी उदारता मिट्टी में मिल जाएगी। ओंकार के साथ बहस में हारते हुए भी अपनी हार कबूल करने को तैयार नहीं हैं! इस बीच मेहता और ओंकार का पक्ष लेते हुए यात्री भी दो गुटों में बँट चुके हैं। दो गुटों में चल रही बहस और गहमागहमी के बीच उस विकलांग ने कहा—"मुझे लेकर आप लोगों में यह हो-हल्ला क्यों? बाबू जी ने यदि चालीस पैसे ज़्यादा दे दिए हैं, तो उसमें आप क्यों टाँग अड़ा रहे हैं? हम जैसे अभागों पर आप लोग यदि कृपा नहीं करेंगे तो हम लोगों का क्या हाल होगा? आज तक आप लोगों की कृपा पर ही जी रहा हूँ। बरसात के मौसम के कारण भीख माँगने में दिक्कत हो रही है, इसलिए मैं कुछ दिनों से ट्रेन में घूमते-फिरते हुए यह काम कर रहा हूँ। वर्षा-ऋतु के बाद फिर से भीख माँगने के लिए सड़क पर उतर जाऊँगा..."

दूसरे लोग अब उस आदमी के पक्ष में हो गए। प्रकारान्तर से मेहता के पक्ष में। करुणा से हृदय पसीज रहा है। उस आदमी की ओर निहारते हुए 'आह'

‘आह’ कह रहे हैं। इन सब के बीच ओंकार ही अकेला निर्दयी और कंजूस लग रहा है। जिस आदमी के मानवीय अधिकार और सम्मान की माँग करते हुए ओंकार बहस कर रहा था, वह आदमी भी ओंकार के खिलाफ हो गया है।

अपनी बात की यथार्थता को इन्हें समझाना ओंकार के बस की बात नहीं है। विकलांग का एकमात्र सहारा है भिक्षावृत्ति तथा औरों की दया और करुणा—इस तरह की हीनमन्यता सभी की नस-नस में समा गयी है।

ओंकार नीरव हो जाता है; लेकिन मन-ही-मन बुदबुदाने लगता है। आने वाले कुछ ही स्टेशनों के बाद वह उतर जाएगा। मेहता के साथ फिर कभी मुलाकात हो सकती है—न भी हो सकती है। ट्रेन में ही मेहता के साथ ओंकार का परिचय हुआ है। क्या फायदा उससे बहस करके?

फिर भी, ओंकार का मन उदास हो जाता है। कई वर्षों के बाद वह अपने देश लौटा है। लौट रहा है अपनी जन्मभूमि की ओर, अपने प्रिय शहर की ओर, सबसे प्रिय गाँव की ओर। पिछले पन्द्रह वर्षों से उसने अपने शहर को देखा ही नहीं है। हाई स्कूल पास होने के बाद अपने शहर को छोड़ चला गया था एक और शहर में उच्च-शिक्षा प्राप्त करने के लिए। उच्च-शिक्षा समाप्त होते ही एक मेधावी-वृत्ति पाकर उच्चतर अनुसंधान के लिए देश छोड़ कर विदेश गया था। रहते-रहते विदेश में रह गया नौ साल तक! इन्हीं कुछ वर्षों में जिस तरह उसकी खुद की सर्वांगीण उन्नति हुई है, उस तरह की सन्तोषजनक प्रगति उसके देश की और शहर की भी हुई होगी, ऐसी कल्पना ओंकार ने मन-ही-मन कर ली थी। लेकिन लौटकर देखता है कि पन्द्रह वर्षों का अन्तराल उसके देश में मानो एक स्थिर बिन्दु बनकर रह गया हो। विषय-सम्पत्ति की बात ज़रूर समय-सापेक्ष है, लेकिन मानसिक स्तर पर भी लोग जहाँ थे, वहीं हैं! अब भी मेहता जैसे उच्च-शिक्षित लोग सोचते हैं कि विकलांग का अर्थ है अकर्मण्य होना तथा विकलांग को दान देना और दया दिखाना ही समाज का कर्तव्य है।

विज्ञान के युग में पन्द्रह वर्षों के समय का अन्तराल कुछ कम नहीं होता—फिर भी उसके देश में एक वक्त की रोटी के लिए हाथ पसारकर भीख माँगना एक निहायत मामूली बात है। कई वर्षों के बाद यह सब देखकर उसे काफी ठेस लगी है।

गरीबी की पीड़ा को ओंकार जानता है। इसलिए गरीबी से उसे इस तरह की नफरत है। गरीबी से नफरत हो, तभी इन्सान गरीबी को हटाने की कसम खा सकता है। इस बीच गरीबी को हटाने के लिए उसके देश में क्या किसी

ने कसम नहीं खाई है।

विदेश में रहते हुए भी देश के चप्पे-चप्पे की खबर वह अखबार और पत्र-पत्रिकाओं से लेता रहा है। देश से गरीबी, अशिक्षा तथा अनाहार को दूर करने की स्पष्ट योजनाओं को वह वर्षों से अखबार और पत्र-पत्रिकाओं में पढ़ता आया है। लेकिन लौटने के बाद उसे हताशा ही मिली है। दुःख, गरीबी और असमानता ही क्या भारत की महानता है? भारत मुनियों और ऋषियों का देश है। पुण्यात्माओं और दाताओं का देश है। ग्रहण करने वाले न हों तो दाताओं की उदारता प्रतिपादित नहीं हो सकती। इसलिए शायद भारत में कुछ लोग गरीब हैं और कुछ लोग खूब धनी। इनके ठीक बीच में मध्यवित्त जीवन सबसे ज़्यादा दुःखमय, सबसे ज़्यादा संघर्षमय है।

संघर्ष करते-करते मध्यवित्त का सारा जीवन बीत जाता है। जब वह कुछ संपत्ति कमा लेने और संचय करने के आत्मसन्तोष को पाने का प्रयास करता है, तब देखता है कि समय खत्म हो रहा है–उम्र और सेहत जीवन की कुत्सित साधना में हाथ से निकल चुकी हैं।

ऐसे ही एक जीवन के ज्वलंत उदाहरण हैं उसके पिता, महेन्द्र महापात्र। राजस्व-विभाग में कैशियर हैं। रोज़ हज़ारों और लाखों का लेन-देन। उन्हीं के ज़रिये ढेर सारे रुपयों का कारोबार होता है। फिर भी, महीने की पन्द्रह तारीख तक उनकी जेब खाली। गाँव में पत्नी और पाँच बच्चे। जो भी भू-संपत्ति है, देख-रेख की कमी के कारण निरर्थक है। कटक शहर में महेन्द्र बाबू रहते हैं एक मेस में, खाते हैं मद्रासी होटल में! धार-उधार और कर्ज़-ब्याज में गुज़रने लगता है जीवन, ढेर सारे मध्यवित्तों के संसार की तरह।

माइनर स्कूल पास करके ओंकार पहुँचा कटक; पिता के पास रहकर हाई स्कूल की पढ़ाई करने के लिए। बेटे को शौक से शहर के स्कूल में भरती नहीं किया था महेन्द्र ने। तब तक गाँव में भी हाई स्कूल खुल चुका था। मजबूर होकर, यह जानते हुए भी कि अभाव और बढ़ेगा, ओंकार को गाँव के स्कूल से निकाल लाए थे महेन्द्र।

ओंकार जन्म से ही मातृहीन है। ओंकार की देख-रेख के लिए पहली पत्नी की मृत्यु के तीन महीने बीतने से पहले ही दूसरी शादी की थी महेन्द्र ने। लेकिन ओंकार की देख-भाल के लिए फुरसत ही नहीं मिली उसकी सौतेली माँ विमला को। शादी के पाँच साल पूरे होने तक वे चार बच्चों की माँ बन चुकी थीं, ओंकार को मिलाकर पाँच बच्चों की ज़िम्मेदारी। अभाव, मेहनत और टूटती सेहत के कारण

शायद वे काफी रूखे स्वभाव की हो गई थीं। अपने बच्चों को जितना डाँटती-पीटती थीं, उसका दुगना ही मिलता था ओंकार को। लेकिन स्नेह-ममता, लाड़-दुलार और भोजन अपने बच्चों को जितना मिलता था, ओंकार को उसका एक तिहाई हिस्सा भी नहीं मिलता था। अवहेलना, अनादर, बीमारी, भूख और यातनाओं को झेलते हुए ओंकार का बचपन वेदना से भर उठा था। ओंकार का बचपन जैसे रहा ही नहीं।

माँ की गोद में लाड़-प्यार के साथ बैठना, माँ के सीने में मुँह छिपाकर हठ करना, माँ का आँचल पकड़कर ज़िद करना या माँ के हाथ से रोटी के दो कौर खाना, ऐसी कोई बात ओंकार को याद नहीं है। सुधि आने के दिन से ओंकार अपने हाथ से खाता है, अपना काम खुद करता है। उल्टा छोटे भाई-बहनों को बाँहों में लिए फिरने, खेलाने, उन्हें नहलाने, जूठे बर्तनों को साफ करने, यहाँ तक कि रसोई में माँ को सहायता पहुँचाने में ही ओंकार का कोमल कैशोर्य बीत चुका था। इसके बावजूद ममता-भरे दो कोमल शब्द, यत्न के साथ मुट्ठी-भर भोजन, स्नेह-सोहाग कभी मिलने की बात उसे याद नहीं है। "ओंकार सबसे बड़ा है, उसे सब कुछ सँभालना चाहिए। बड़े बेटे के हिसाब से त्याग, उत्सर्ग और सेवा करना उसका कर्तव्य है।" सुधि आने के दिन से यही सुनता आया है ओंकार।

ओंकार को याद है, पिता जब गाँव पहुँचते थे, माँ के साथ ओंकार को लेकर खूब बहस होती थी। ओंकार की अवहेलना हो रही है, बिलकुल पढ़ नहीं पा रहा है, अक्सर घर के काम में लगा रहता है, फिर माँ की नानादि यातनाओं को झेलता रहता है आदि अभियोग ओंकार ने पिता से भले ही न किए हों, लेकिन जब गाँव के शुभेच्छु बन्धु-परिजन, अन्त में स्कूल के शिक्षक से महेन्द्र बाबू को अभियोग मिले, तब महेन्द्र, ओंकार को गाँव के स्कूल से निकाल कर शहर के स्कूल में ले आए।

हालाँकि पहले-पहल महेन्द्र को इस चिन्ता ने विचलित किया था कि शहर में ओंकार कहाँ रहेगा, कहाँ खाएगा, पढ़ाई में किस तरह सुविधा होगी, लेकिन सौभाग्य से एक छोटे-से कमरे का इन्तज़ाम हो गया, वह भी बिना किराये के।

महेन्द्र के बड़े अफसर श्यामल बाबू के बँगले की बाहरी दीवार से सटे हुए आउट हाउस के दो कमरे खाली पड़े थे। महेन्द्र की चिन्ता के कारण को समझते हुए श्यामल बाबू ने कहा, "बस, तुम बेटे को लाकर उस आउट हाउस में से एक में रह सकते हो। खुद रसोई बनाओगे तो सस्ता बैठेगा, ऊपर से बेटे की सेहत भी ठीक रहेगी। लेकिन बेटे से कह देना कि बाग में घूमेगा-फिरेगा

नहीं और फूल-पौधों को हाथ नहीं लगाएगा। इस बारे में मैं अपने बच्चों को भी माफ नहीं करता।"

श्यामल बाबू कड़े अफसर हैं। गाभिन गाय भी देखते ही रास्ते से हट जाती है। जिस तरह चेहरा विशाल है, उस तरह खूब मेहनती और ज़िम्मेदार भी हैं। काम जितना करते हैं, उतना ही काम करवाते हैं। बच्चों से लेकर बड़े तक, अधीनस्थ कर्मचारियों से लेकर बराबर के अफसर तक, किसी की गलती यदि नजर में आ गयी तो नजात नहीं। वैसे, ओंकार यदि बेकहा, नटखट और अल्हड़ होता, तब उसे लेकर श्यामल बाबू के अहाते में रहने की हिम्मत महेन्द्र की नहीं पड़ती। मगर महेन्द्र को पता था कि बचपन से ही सौतेली माँ के कड़े शासन की चक्की में पिस जाने के कारण भले ही बच्चे का कुछ और नुकसान हुआ हो, पर वह मेहनती, संकोची और विनयी हो गया है। ओंकार के कारण श्यामल बाबू के अहाते में कोई समस्या नहीं उपजेगी, इसका विश्वास महेन्द्र को था। महेन्द्र को यह भी पता था कि श्यामल बाबू ने बिना उद्देश्य के उन्हें यह उदारता नहीं दिखाई है। आफिस में महेन्द्र पर श्यामल बाबू को काफी भरोसा है। वे अपनी ढेर सारी घरेलू बातें महेन्द्र से बताते रहते हैं और घरेलू काम भी उनसे कराते रहते हैं। श्यामल बाबू टूर में काफी दिनों तक बाहर रहते हैं। जितने दिन हेडक्वार्टर में रहते हैं, अक्सर शिकार खेलने पास ही के जंगल में चले जाते हैं। श्यामल बाबू शिकार से मिले मांस के बड़े चहेते हैं। लेकिन अपने हाथों का शिकार न हो तो मांस का स्वाद ही नहीं मिलता। जिस तरह अपने हाथों से लगाए गए पेड़-पौधों के फल अधिक स्वादिष्ट लगते हैं, ठीक उसी तरह अपने हाथों से शिकार किए गए पशुओं के मांस भी अधिक स्वादिष्ट लगते हैं श्यामल बाबू को।

श्यामल बाबू की स्त्री वसुधा सहनशीलता में बिल्कुल माँ धरती जैसी हैं; स्नेह, श्रद्धा, विनम्रता, दया और अनुकम्पा में जगत्‌जननी अन्नपूर्णा की प्रतिमूर्ति हैं। पति के शिकार-प्रेम के कारण वे दुःखी हैं। तमाम रात पति के लिए तनाव और चिन्ता बनी रहती। सुबह शिकार लेकर पति के पहुँचने के बाद निरीह पशुओं के खून से लथपथ मृत शरीरों को देख वेदना और करुणा से विचलित हो उठती वसुधा। शिकार के लिए कितना ही मना करने पर भी श्यामल बाबू का अफसर-मिजाज़ उसे मानने को तैयार नहीं होता। कभी भी पत्नी की किसी भी सलाह को मानते नहीं हैं श्यामल बाबू। वसुधा अब रोकती नहीं हैं। स्वामी की खुशी में ही स्त्री की खुशी है, स्त्रियों की स्वतन्त्र सत्ता नहीं होती, यही वसुधा का मत है।

अधिकतर टूर और शिकार के कारण श्यामल बाबू बाहर ही रहते। और

छोटे-छोटे बच्चों को लेकर वसुधा इतने बड़े बँगले में अकेली रहतीं। हालाँकि नौकर-चाकर तो हैं; लेकिन महेन्द्र बाबू के रहने से वसुधा तनिक और निश्चिंत रहेंगी। महेन्द्र बाबू जितने मेहनती हैं, उतने विश्वस्त और विनयी भी। इसलिए उनके रहने से श्यामल बाबू पूरी तरह निश्चिंत होकर और कुछ दिन अधिक बाहर गुज़ार सकेंगे।

महेन्द्र को भी पता था कि श्यामल बाबू के अहाते में रहने से उनके ढेर सारे वैयक्तिक कामों को भी करना पड़ेगा। फिर भी, खुशी से उन्होंने इस प्रस्ताव को स्वीकार किया था। मकान के किराये का जो हाल है, उसमें कम तनख्वाह वाले महेन्द्र बाबू के लिए यह प्रस्ताव कुछ और नहीं, बल्कि एक सुनहला मौका था।

ओंकार का चार साल का कैशोर्य बीत गया श्यामल बाबू के बँगले की दीवाल से सटे एक कमरे वाले आउट हाउस में। सौतेली माँ की यातनाओं से नजात पाकर वह खुश हुआ था; मगर श्यामल बाबू के भयंकर चेहरे और कड़े मिजाज़ के सामने वह खुद को काफी असहाय महसूस करता था। सच कहा जाए तो चार साल तक वह स्कूल से लौटने के बाद कमरे से बाहर निकलता ही नहीं था। फिर भी, उसे अच्छा लगता था वह जीवन। क्योंकि जीवन में उसे पहली बार दिखाई पड़ी थी माँ की एक मूर्ति वसुधा में। श्यामल बाबू के बाहर चले जाने के बाद वसुधा की करुणा उन्मुक्त हो झरने लगती थी मातृहीन ओंकार पर।

ये सब बहुत दिन पहले की बातें हैं। इस बीच समय गुज़रता गया है—ओंकार ने प्रगति की है, प्रगति के पथ पर पीछे की ओर मुड़कर देखने का मौका नहीं मिला है। फिर भी काफी साल पहले पिताजी की चिट्ठी से इस बात का पता चल चुका था कि श्यामल बाबू ने नौकरी से अवकाश ग्रहण कर लिया है। श्यामल बाबू के सरकारी बँगला छोड़ने तक महेन्द्र उनके अहाते में रह रहे थे। इस बीच महेन्द्र भी अवकाश ग्रहण करके गाँव में रह रहे हैं। तब से श्यामल बाबू की कोई खबर ओंकार के पास नहीं है। श्यामल बाबू का इकलौता बेटा ज़रूर अच्छी नौकरी में होगा। बेटियों का विवाह ज़रूर अच्छे घरानों में हो चुका होगा। उनकी सब से छोटी बेटी 'स्वाहा' की उम्र अब चौबीस-पच्चीस की हो गयी होगी। इसलिए सबने अपना-अपना घर बसा लिया होगा। अब भी श्यामल बाबू की बेटियों के बारे में सोचते ही ओंकार को घुटन-सी महसूस होती है।

श्यामल बाबू की तीन लड़कियों में से शाश्वती और स्वाती, ओंकार से नफरत करती हैं, तुच्छ समझती हैं। सबसे छोटी आठ-नौ साल की लड़की 'स्वाहा'

ओंकार पर दया करती है, माँ वसुधा की तरह करुणा-भरी नज़रों से ओंकार को निहारती रहती है। घृणा और करुणा दोनों से ओंकार को घुटन-सी होती है। ओंकार नाली का कीड़ा तो नहीं कि उससे कोई नफरत करे। वह अकर्मण्य या भिक्षुक नहीं कि कोई उस पर दया करे! ओंकार अकसर दोनों से बचकर दूर ही रहता है। दोनों बड़ी लड़कियाँ देखने में पिता की तरह हैं। पिता के हृदय की छवि उनके चेहरे और आँखों में समायी हुई है। छोटी 'स्वाहा' माँ वसुधा के रूप और गुण की अधिकारिणी है। इसलिए उसकी निष्पाप करुणा ओंकार को कभी-कभी आर्द्र बना डालती है। ओंकार ने जब श्यामल बाबू का घर छोड़ा उस समय स्वाहा की उम्र ज़्यादा-से-ज़्यादा दस साल रही होगी। तब स्वाहा अंग्रेज़ी स्कूल की छठवीं कक्षा की छात्रा थी।

पन्द्रह साल पहले का अतीत ओंकार को धुँधला-सा याद आने लगता है। सुनहले रंग की पतली-सी वह लड़की। फैली हुई आँखें, नुकीली नाक, बंकिम अधरों की दो पतली रेखाएँ, पान के पत्ते की तरह मुख-मण्डल, नीले रंग के घुँघराले केश। ओंकार को देखते ही वह 'आह', 'आह' कहती। कहती, "आह! पैदल स्कूल जाते हो? साथ में कुछ भी टिफिन क्यों नहीं लेते? पैरों में जूते नहीं हैं, पैण्ट और कमीज़ के रंग फीके पड़ रहे हैं, जाड़े के दिनों में एक स्वेटर भी नहीं पहनते? बस्ता कितना मैला और फटा हुआ है! दूध नहीं पीते, अण्डा नहीं खाते, फल, बिस्कुट, केक, टॉफी, आइसक्रीम कुछ भी देते नहीं हैं तुम्हारे पिताजी? इतने छोटे-से कमरे में क्यों रहते हो? क्या तुम्हारी माँ नहीं हैं तुम क्या बहुत गरीब हो?

"माँ कहती है कि गरीबों पर दया करने से ईश्वर खुश होते हैं; ईश्वर खुश हों तो पढ़ाई अच्छी होती है। सेहत ठीक रहती है, उम्र लम्बी होती है, बड़े आदमी बनते हैं..."

ओंकार तब तक घुटन के मारे छटपटा रहा होता। स्वाहा निष्पाप करुणा उँड़ेलते हुए कहती, "हमारे पास खूब पैसे हैं। मैं तुम पर दया करूँ तो ईश्वर खुश होंगे। मैं तुम्हें जूते खरीदने के लिए पैसे दूँगी। फल, बिस्कुट, अण्डा, दूध घर से ला दूँगी। ये सभी चीज़ें मुझे अच्छी नहीं लगतीं। मैं जान-बूझकर फेंक देती हूँ। माँ से कहूँ तो वे भी दया करेंगी..."

अनर्गल बतियाती रहती स्वाहा। ओंकार घबराते हुए कहता, "तुम ये सब नहीं करोगी। तुम्हारे पिताजी सुनेंगे तो गुस्सा करेंगे। मेरे पिताजी सुनेंगे तो मुझ पर मार पड़ेगी। भिखारी पर दया करके पैसे दो। ईश्वर खुश होंगे। मैं भिखारी नहीं हूँ। मेरे पिताजी हैं। मैं भी तुम्हारी तरह पढ़ाई करता हूँ। बड़ा होकर नौकरी

करूँगा। खूब पैसे कमाऊँगा। उस समय हम भी एक बड़े मकान में रहेंगे।''

बचपन से ही इस तरह का उच्चाकांक्षी रहा है ओंकार। उच्चाकांक्षा और उद्यम दोनों के कारण उन्नति की सीढ़ियों से होते हुए ओंकार पहुँच पाया है यहाँ तक। हाई स्कूल की शिक्षा के बाद मेधावी-वृत्ति पाकर सुदूर मद्रास शहर में कॉलेज की शिक्षा समाप्त की थी ओंकार ने। फिर उच्चतर अनुसंधान के लिए विदेशी-वृत्ति भी मिली थी उसे। प्रतिकूल परिस्थिति में अथक परिश्रम और तीव्र निष्ठा के कारण ये सब संभव हो पाया था। उस समय घर की परिस्थिति जैसी थी, अच्छा छात्र नहीं होता तो मैट्रिक के फौरन बाद उसे नौकरी की तलाश करनी पड़ती, पिता की सहायता करनी पड़ती। सौतेली माँ से इसी मर्म से भरे पत्र आते रहते थे पिता जी के पास। पत्नी के ऐसे प्रस्तावों को टालने के लिए शायद महेन्द्र प्रायः गाँव जाते नहीं थे और शायद इसलिए सुदूर शहर में ओंकार को उच्च-शिक्षा दिलाने के लिए उन्हें काफी कुछ त्याग करना पड़ा था। ओंकार को छात्र-वृत्ति मिलती थी, फिर भी बीच-बीच में महेन्द्र को रुपये भिजवाने पड़ते थे।

ओंकार पिताजी की असहायता को गहराई से अनुभव करता था। लेकिन उस समय वह छात्र था, उपायहीन। मौका मिलते ही ओंकार ने पिता को हर प्रकार से सहायता पहुँचायी है। सौतेली माँ की दोनों बेटियों की शादियों में सहायता की है। घर के लिए भी खूब रुपये-पैसे भिजवाए हैं। अब वह लौट रहा है पिता के बुढ़ापे में सहायक बनकर खड़े होने के लिए।

स्टेशन पर गाड़ी आकर रुकी। काफी दिनों के बाद बन्धु-परिजनों से मिलने और गले लगने के दृश्यों को देख अभिभूत हो रहा था ओंकार। अपना सारा सामान बाहर निकाल कर मानो वह किसी का इन्तज़ार कर रहा था। दूसरों की तरह उसके अपनों में से किसी को भी आना चाहिए था, उसे आदर-सत्कार के साथ ले जाना चाहिए था। प्रायः यही सहज जीवन का अभिप्राय है। लेकिन आएगा कौन? पिताजी बूढ़े हो गए हैं, गाँव में रहते हैं। हो सकता है अब सेहत ठीक भी न हो। दोनों सौतेले भाइयों को उसके आने की खबर है या नहीं, ओंकार को नहीं पता। जानते हों तो भी उनके स्टेशन पहुँचने की आशा नहीं की जा सकती। माँ के अत्यधिक स्नेह और दुलार के बल से वे इतने बलशाली हो उठे हैं कि बचपन से ही ओंकार को काफी तुच्छ समझते आए हैं। दोनों अधपढ़, हठी और निकम्मे हैं। अब वे क्या कर रहे हैं ओंकार को नहीं पता। विदेश में रहते समय काफी रुपये-पैसे भिजवाए हैं भाइयों की पढ़ाई-लिखाई के लिए। लेकिन उससे उन्होंने गुलछर्रे ही उड़ाए हैं। पिताजी ने कई बार चिट्ठी लिखी हैं, ''पैसे

और मत भेजना, रुपये-पैसे हाथ लगने से वे गलत राह पकड़ रहे हैं। बल्कि अभाव क्या है उन्हें समझना चाहिए। तभी अपने पैरों पर खड़े होंगे, बड़े आदमी बनेंगे। बिल्कुल तुम्हारी तरह। तू भी तो खूब अभावों के बीच पढ़ाई करके अच्छा इनसान बना है। उन्हें भी अभाव की कसौटी पर खुद को कसने का मौका तो दो..." ओंकार ने पिता की बातें कम-से-कम इस सिलसिले में नहीं मानी हैं। अभाव और गरीबी के कारण कभी-कभी आदमी में किस तरह आत्म-न्यूनता पनपने लगती है, यह ओंकार को पता है। उसने जो कष्ट झेला है, उसके भाई कम-से-कम उस कष्ट को न झेलें, यही सोचते हुए अब तक वह बराबर रुपये-पैसे भिजवाता रहा है। लेकिन फायदा कुछ भी नहीं हुआ। ओंकार को इतनी सुविधा और अवसर मिले होते तो हो सकता है, वह कुछ और अधिक कृतित्व हासिल कर पाया होता।

ओंकार इस परिचित शहर में एक अपरिचित आदमी बनकर कुछ देर तक म्लान बना रहा। फिर सोचा, कहाँ जाएगा? गाँव जाने से पहले कम-से-कम थोड़े दिन कटक में रह लेगा।

एक होटल में पहुँचा ओंकार। हफ्ता भर होटल में ठहरकर कुछेक काम से निपटने के बाद वह गाँव जाएगा। पिताजी आने की हालत में नहीं हैं। नहीं तो, बेटे को स्वागत करते हुए ले जाने के लिए वे आ चुके होते।

रात बीती नहीं है, ओंकार जाग गया है आदत के अनुसार। यह आदत उसकी काफी पुरानी है। सौतेली माँ के पास रहकर माइनर में पढ़ते समय वह पहले जागकर घर में झाड़ू लगाता था। गाय-बछड़ों को बाहर के खूँटे से बाँधकर बथान साफ करता था। चूल्हा जलाता था। चाय बनाकर सौतेली माँ और भाइयों को पिलाता था। उस समय काफी दिक्कत होती थी, पर नतीजा यह हुआ कि शीघ्र बिस्तर छोड़ने की अच्छी आदत उसकी नस-नस में समा गयी। कम-से-कम इस एक अच्छी आदत के लिए वह सौतेली माँ का आभारी है।

सुबह-सवेरे उठकर होटल के छज्जे पर खड़े होकर कुहासे से ढके परिचित शहर को नए सिरे से देखने की कोशिश कर रहा था ओंकार।

शहर के छोर पर एक शानदार इलाके में बना यह होटल काफी शान्त और सुन्दर है। सामने की सीधी सड़क नीरवता के साथ पसर गयी है नदी की जल-धारा तक। सभी सड़कें चौड़ी तथा साफ-सुथरी हैं। सुबह की साफ हवा में खुशबू घुली हुई है। पास ही कहीं ज़रूर कोई पार्क है अथवा इन आलीशान कोठियों की शोभा बढ़ाने वाले फूलों के बगीचों से सुबह की हवा अनधिकार ढंग से खुशबू चुराकर प्रातःभ्रमण करने वालों को खुशबू-भरे अभिनन्दन से सतेज कर देती है। शहर

के इस इलाके के प्रायः अधिकांश लोग प्रातःभ्रमण करते हैं।

प्रायः सभी उम्र के लोगों के प्रातःभ्रमण का यह दृश्य काफी सुखद है। लेकिन सेवानिवृत्ति ग्रहण करने वाले वयोवृद्ध सज्जनों को, थुलथुल शरीर वाली पत्नियों के साथ पसीने से लथपथ हो, प्रातःभ्रमण जैसी कठिन साधना में लीन होते देख मन वेदना से भर उठता है। मनुष्य के लिए जीवन कितना प्रिय है! इस सुन्दर धरती पर पल-भर अधिक जीने के लिए मनुष्य की कैसी एकाग्र साधना है। जबकि सेवा-निवृत्त जीवन में भी परेशानियाँ, यातनाएँ और दुश्चिंताएँ कुछ कम नहीं होतीं, ठीक ओंकार के पिता महेन्द्र बाबू की तरह।

मनुष्य इस जीवन को चाहता तो है, यही आज की इस प्रेमशून्य धरती पर एकमात्र तसल्ली है।

ओंकार भी कौतुहल में आकर प्रातःभ्रमण के लिए निकल पड़ा। कोशिश कर रहा था किसी को पहचान लेने की, 'मैं इसी शहर का हूँ' इस नाते से किसी की पहचान में आने की। मगर पन्द्रह साल के अन्तराल ने उसे निर्दयता के साथ अनजान बना डाला है, उसके अति प्रिय शहर की सड़कों पर।

होटल की ओर एक-एक कदम बढ़ाते हुए लौट रहा था ओंकार। नदी के बाँध की तरफ से खूब लम्बे-लम्बे डग भरते हुए आ रहे हैं एक लम्बी देह और विशाल शरीर वाले पुरुष। तारुण्य की तत्परता भले ही न थी, पर उस वयोवृद्ध के चेहरे पर एक शिकारी की स्फूर्ति थी। हाथ में माला लिए एक-एक कदम बढ़ रहे हैं, जाप कर रहे हैं। रेल इंजन की तरह बढ़ते आ रहे हैं ओंकार की ओर। ओंकार सहम-सा गया, हट गया, रास्ता छोड़ दिया। ठीक अतीत के आश्रित दिनों की तरह और अगले ही क्षण पीछे से आवाज़ दी—"मौसा!"

सज्जन ने मुड़कर देखा। तनी हुई भौंहे और उसी पुरानी आवाज़ में पूछा, "कौन तुम, बताओ तो सही? ओह, पहचान रहा हूँ, फिर भी पहचान नहीं पा रहा हूँ। अवकाश ग्रहण करने के बाद यह बीमारी कुछ बढ़-सी गयी है। हर जगह अध-पहचान..."

ओंकार ने सम्मान के साथ वृद्ध व्यक्ति को प्रणाम किया। संयमित स्वर में कहा, "मैं ओंकार हूँ। महेन्द्र महापात्र का बेटा। पन्द्रह साल बाद लौट रहा हूँ स्टेट्स से। मेरा चेहरा इस बीच बदल गया है। आप कैसे पहचानते?"

वृद्ध व्यक्ति सड़क के बीच दीवार की तरह खड़े रहे। आँखों की गहराई से ओंकार को निहारा। पहचानने की कोशिश कर रहे थे ओंकार को। कहा, "तुम शायद मैट्रिक के बाद कोई एक छात्रवृत्ति पाकर मद्रास चले गए। उसके बाद

अमेरिका! इतने दिनों बाद मुझे पहचान लिया? पर मैं तुम्हें बिल्कुल पहचान नहीं पा रहा हूँ।''

ओंकार ने मुस्कराते हुए कहा, ''हाँ, सौलह साल की उम्र में इस शहर को छोड़ा था। इकत्तीस साल की उम्र में लौट रहा हूँ। उस समय कद था पाँच फुट चार इंच, वज़न अड़तालीस किलोग्राम। अब कद पाँच फुट ग्यारह इंच, वज़न पैंसठ किलोग्राम। आप पहचानते कैसे। मगर आप जैसे थे, वैसे ही हैं। कोई खास परिवर्तन नहीं हुआ है आपके चेहरे में। कुहासे में भी मैंने आपको ठीक पहचान लिया।''

श्यामल बाबू ने उसाँसें भरते हुए कहा, ''पिछले पन्द्रह वर्षों के इतिहास को तुम नहीं जानते, इसलिए कह रहे हो कि मुझमें कोई परिवर्तन नहीं हुआ है। घर की तरफ कभी आओ। मेरे जीवन में क्या परिवर्तन हुआ है, अपनी आँखों से देखना। मौसी तुम्हें देखेगी तो खुश होगी। और सभी तुम्हें भले ही भूल गए हों, पर मौसी तुम्हें जब-तब याद करती रहती है।'' वृद्ध व्यक्ति ने फीकी मुस्कान बिखेर दी।

ओंकार मन-ही-मन श्यामल बाबू के अवकाशप्राप्त जीवन में आए परिवर्तन का चित्र आँक रहा था और उसमें कुछ खास सोचने की बात न थी। अधिकतर पदस्थ अफसरों के अवकाशप्राप्त जीवन के दौरान उनके अपने दृष्टिकोण में प्रायः अभूतपूर्व परिवर्तन आता है, क्योंकि वे अपनी पहले की क्षमता, प्रतिपत्ति, विलासिता, आडम्बर, दबदबा आदि से अवकाश ग्रहण करते ही वंचित हो जाते हैं। जिस दिन अपने व्यक्तित्व को अपनी पहचान न मानकर अपनी पदवी को अपनी पहचान मानते हैं, अवकाश ग्रहण करते ही ऐसे लोगों की मौत हो जाती है, जबकि वे कई वर्षों तक शरीर में जीवित रहते हैं, जीवित रहने की कुत्सित साधना करते हैं, ठीक इन प्रातःभ्रमण करने वाले अधिकांश व्यक्तियों की तरह।

ओंकार ने सौजन्य की दृष्टि से पूछा, ''मौसी कैसी हैं? और बाकी सब...''

''घर आओ, सब कुछ अपनी आँखों से देखोगे। घर पर और है कौन अकेली स्वाहा को छोड़कर! तुम्हारी क्या पहले की-सी लजाने की आदत नहीं गई?'' श्यामल बाबू ने पूछा।

ओंकार ने हल्की-सी मुस्कान के साथ कहा, ''मैं ज़रूर आऊँगा।'' घर का पता बता कर श्यामल बाबू धीरे-धीरे आगे बढ़ रहे हैं।

स्वाहा की उम्र इस बीच चौबीस या पच्चीस हो रही होगी। इस बीच एम.ए. पास कर चुकी होगी। क्या कर रही है अभी—नौकरी, अनुसन्धान या घर-गृहस्थी? बचपन में खूब बढ़िया नाचती भी थी। ओंकार ने जब शहर छोड़ा था उस समय

स्वाहा की उम्र नौ-दस रही होगी। अंग्रेज़ी स्कूल में पढ़ती थी, नृत्य सीखती थी। चमत्कारिक नृत्य करती थी बचपन में। ओंकार स्वाहा के दोनों पैरों की ही तारीफ करता था। सुबह सारे बाग में तितली की तरह घूमती-फिरती, फिर स्कूल जाती। स्कूल से लौटकर फिर से बाग में चक्कर लगाती, दौड़-धूप, खेल-कूद में मस्त रहती। फिर पहुँचते नृत्य-गुरु। एक घण्टा पूरा नृत्य सीखती स्वाहा। फिर सोने तक वह पूरे घर में घूमती, खेलती, नाचती रहती। ओंकार आश्चर्यचकित हो सोचता कि दोनों मुलायम पैर थक कैसे नहीं जाते? शायद दूध, फल, अण्डा, टॉनिक नियमित खाने के कारण स्वाहा के पतले शरीर में इतनी प्राण-शक्ति है। ओंकार रोज़ स्कूल पैदल जाता और लौटता। रोज़ रात को पैरों की पिण्डलियों में दर्द होता। उस समय स्वाहा के पैरों से उसे ईर्ष्या होती, प्रकारान्तर से ईर्ष्या होती स्वाहा से। स्वाहा कितने आराम से है, उसका एक दसवाँ हिस्सा आराम ओंकार को क्यों नहीं मिलता है?

स्वाहा से बाग में भेंट होती, तो वह पूछता, "तुम्हारे पैर दुखते नहीं हैं? पल-भर के लिए चैन से क्यों नहीं बैठती?" स्वाहा खिलखिलाते हुए कहती, "बूढ़े लोग चैन से बैठते हैं। बीमार लोगों के पैर दुखते हैं।" बात खत्म होने से पहले स्वाहा तितली के पीछे दौड़ने लगती। दौड़ती नहीं, बल्कि उड़ने लगती। उड़ती लड़की को देख ओंकार को लगता कि एक दिन ज़रूर उसके पैर दुखेंगे, वह थक जाएगी, चैन से बैठेगी। बीमार न भी हो, तो भी एक दिन ज़रूर वह बूढ़ी होगी और थक जाएगी।

आज उन बातों को सोचने से हँसी आती है। आज ओंकार समझ पाता है कि उस समय वह स्वाहा के चंचल पैरों से ईर्ष्या नहीं करता था, ईर्ष्या करता था स्वाहा की वैभवपूर्ण स्थिति से। किन्तु स्वाहा हमेशा ओंकार पर दया करती थी, अच्छे ढंग से पेश आती थी और कभी-कभी उसके पास पढ़ने भी आती थी। हर तरह की गरीबी के बावजूद ओंकार पढ़ाई में गरीब नहीं है, इस बात को स्वाहा और सभी लोग जानते थे। ओंकार के प्रति स्वाहा की हमदर्दी को देख उपहास करते हुए दोनों बहनें स्वाहा को चिढ़ातीं—"ओम-स्वाहा", "ओम-स्वाहा", "ओम-स्वाहा"। ये बातें कितनी ही बार ओंकार के कानों से टकराई हैं और ओंकार पुलकित हुआ है।

श्यामल बाबू को कभी भी मौसा कहकर सम्बोधन करना याद नहीं आ रहा है ओंकार को। श्यामल बाबू को देखते ही एक खूँखार बाघ की छवि सामने खिंच जाती। श्यामल बाबू से कभी सीधी भेंट नहीं हुई है ओंकार की। स्वाहा

की माँ को मौसी कहने के हिसाब से आज उसने अचानक इतने दिनों बाद मौसा कहकर सम्बोधन किया है और एक ही बार में इतनी देर तक बातचीत भी की है। ओंकार ने इतना समझ लिया है कि श्यामल बाबू की पहले जैसी धाक अब नहीं रही। समय की धारा में किसी की धाक हमेशा नहीं रहती।

अचानक श्यामल बाबू से इस तरह भेंट हो जाएगी, ऐसी आशा नहीं थी ओंकार को! जब भेंट हो ही गयी है, तो थोड़ी देर के लिए मिलने जाना ही होगा। नहीं तो क्या सोचेंगी मौसी? मातृविहीन किशोर ओंकार के स्नेह-शून्य जीवन में मौसी का जितना भी लाड़, प्यार और स्नेह है, वह ग्रीष्म ऋतु में पोखर के अंजलि-भर जल की तरह अमूल्य और दुर्लभ है। उसे वह भूला नहीं है। स्वाहा के लिए कुछ तो ले जाना होगा। क्या ले?

ओंकार सूटकेस खोलकर सोचने लगा। कोई खास चीज़ तो वह लेकर नहीं आया है। कुछ जोड़ी स्टकिंग डली हुई हैं सूटकेस में। एक मित्र की बेटी के लिए खरीद लाया है। याद आया कि नौ साल की स्वाहा अंग्रेज़ी स्कूल की पोशाक के साथ खूब लम्बी-लम्बी जुर्राबें पहनकर स्कूल जाती थी। अब भी उसकी वही आदत रही होगी। स्वाहा के रंग से मेल खाने वाली दो जोड़ी देह रंग की स्टकिंग ओंकार ने उठा लीं। रास्ते में मौसी के लिए मिठाई का एक पैकट ले लेने से चलेगा।

इस शहर में ओंकार का भी कोई रिश्तेदार है और उनसे मिलना आवश्यक है, इस भावना से ओंकार के मन में खूब आनन्द और सन्तोष भर उठा था। ओंकार सोच रहा था—भले ही मनुष्य खूब स्वार्थी है। लेकिन मनुष्य केवल अपने लिए नहीं जीता।

स्वाहा के उस पन्द्रह साल पहले के चेहरे को याद करने की कोशिश करके विफल हो रहा था ओंकार। सम्पर्क भी क्या था स्वाहा के साथ! पिता के उपरिस्थ अफसर की लाड़ली बेटी स्वाहा, और अधीनस्थ कर्मचारी महेन्द्र महापात्र का मातृहीन बेटा ओंकार। ज़मीन और आसमान का फर्क। स्वाहा के उस तितली पकड़ने वाली उम्र का विशेषत्वहीन चेहरा याद रहे, इसका कोई कारण ही नहीं है। फिर भी निर्मल नीले आकाश में दूज के चाँद की तरह घने घुँघराले बालों से घिरा स्वाहा का लम्बोतरा पतला गोरे रंग का साफ-सुथरा चेहरा खूब प्यारा था—ऐसी ही धुँधली-सी याद आती है। सब से आकर्षक थी शायद उसकी बड़ी-बड़ी आँखें। होठों से ज़्यादा उसकी आँखें बातें करती थीं, पैरों से ज़्यादा उसकी आँखों की पुतलियाँ नाच उठती थीं।

स्वाहा के शरीर के दोनों लम्बे-लम्बे पैर उस समय भले ही बेढंगे लगते थे, पर दोनों पैर कोमल और सुन्दर ज़रूर थे। क्योंकि स्वाहा के बगीचे में भाग-दौड़ करते समय ओंकार उसके चेहरे की ओर न देखकर उसके दोनों पैरों को ही निहारता था, ज़्यादातर यही सोचकर विस्मित हो उठता था कि उसके उन पतले-पतले दोनों पैरों में कितनी शक्ति समाई हुई है। बगीचे में स्वाहा की हद से ज़्यादा हँसी-खुशी और भाग-दौड़ से ओंकार की पढ़ाई में बाधा उपजती थी, और ओंकार सोचता था कि अच्छा होता यदि एक दिन स्वाहा के पैर थक जाते।

उन दिनों की मानिंद आजकल स्वाहा ज़्यादा भाग-दौड़ नहीं कर रही होगी; मगर हो सकता है एक मशहूर नृत्य शिल्पी बन चुकी होगी। स्वाहा की नृत्य-शिक्षा में खूब पैसा खर्च कर रहे थे श्यामल बाबू और यथार्थ में पैसा खर्च कर रहे थे, इस बात को दर्शक अनुभव कर रहे थे शिशु शिल्पी स्वाहा के नृत्य को देखकर।

ओंकार को आशा है कि पन्द्रह वर्षों के बाद भी वह मौसी को पहचान लेगा; लेकिन स्वाहा को पहचान पाएगा या नहीं, इसी उलझन में पड़ा हुआ था।

इस उलझन के साथ उसने श्यामल बाबू के मकान का फाटक खोलकर अन्दर पैर रखा।

श्यामल बाबू के बगीचे में अब फूल नहीं खिलते हैं, फूल न खिलने के कारण तितलियाँ भी नहीं उड़ती हैं, तितलियाँ न होने के कारण शायद स्वाहा भी बगीचे में घूमती-फिरती नहीं है।

बगीचे में ढेर सारे झड़े हुए सूखे पत्ते, बेशुमार जंगली झाड़ियाँ, लापरवाही से पनपे हुए लता-पौधों की टहनियाँ आपस में उलझी हुई हैं। हो सकता है, पिछले पन्द्रह वर्षों से बगीचे के सूखे पत्तों और कूड़े-करकट की सफाई नहीं हुई हो।

श्यामल बाबू का बनवाया गया अपना निजी बँगला बाहर से एक परित्यक्त खण्डहर की तरह श्रीहीन दिखाई पड़ रहा है। श्यामल बाबू की तरह मानो उसकी भी सेवानिवृत्त अवस्था हो।

एक की आन्तरिकता दूसरे के हृदय को स्पर्श करती है। श्यामल बाबू के स्वागत करने के ढंग ने ओंकार के हृदय को स्पर्श किया। समय सब से बड़ा जादूगर है। इन्सान को कितना कुछ बदल देता है! श्यामल बाबू की उस जमाने की धाक याद आ जाए तो कोई भी सोचेगा कि ये दोनों अलग व्यक्ति हैं। क्षमता के काले बादल इनसान के सुन्दर व्यक्तित्व को इस तरह क्यों ढंक लेते हैं? क्षमतामुक्त मनुष्य वास्तव में शापमुक्त रहता है, क्योंकि वह अपने असली रूप में चलता-फिरता है, वह अपनी खुद की भाषा में बोलता है, वह अपनी इच्छा

से उठता-बैठता है। आज श्यामल बाबू शापमुक्त हैं। इसलिए इतना सहज और निश्छल है उनका व्यवहार—स्वागत करके ले जाने का ढंग।

वसुधा मौसी को देखने के बाद समय को अभिशाप देने की इच्छा हो रही थी। वसुधा के उस लक्ष्मी-प्रतिमा सदृश लावण्यमय रूप को पन्द्रह वर्ष के समय ने बड़ी निर्दयता के साथ लूट लिया है। पन्द्रह साल पहले इस नारी की, एक सुख्याति सम्पन्ना सुन्दर नारी के रूप में खूब चर्चा थी; इस बात को ओंकार ने खुद अनुभव किया है, फिर भी आज विश्वास करने को तैयार नहीं है। उसकी अपनी आँखें साक्षी हैं, फिर भी लगता था कि ओंकार गलत जगह पहुँच गया है, या फिर गलत व्यक्ति को देख रहा है। लेकिन ना—सब कुछ ठीक है, सिर्फ ठीक नहीं है मौसी का चेहरा और रूप-रंग। जली हुई रस्सी की ऐंठन की तरह मौसी के सुन्दर चेहरे की रंगशून्यता और असावधानता का एक संचित नमूना ही मानो पड़ा हुआ हो। इतने ही समय के अन्तराल में किसी चित्रपट से भी रंग का इतना उड़ जाना संभव नहीं है—फिर भी मनुष्य के शरीर से इतना रंग इतनी जल्दी उड़ जाता है?

स्वर्ण-प्रतिमा की तरह मौसी का चेहरा। लक्ष्मी-प्रतिमा की तरह मुखमण्डल। सरस्वती की तरह मधुर, कोमल कण्ठ-स्वर। माँ वसुधा की तरह ऊष्मा से भरा निष्कलंक मातृत्व का स्पर्श। माँ क्या होती है, इसका पता चला ओंकार को वसुधा को देखने के बाद। इससे पहले माँ कहने से ओंकार को अपने भीतर एक शीतल वेदना का प्रवाह अनुभूत होता था। आँखों के सामने रूपायित हो उठती थी अपनी सौतेली माँ की नीरस और कठोर छवि। मौसी के स्वल्प दान की किंचित करुणा और ममता की धारा ओंकार को हमेशा के लिए मातृ-जाति की पूजा की प्रेरणा देती आयी है। आज उस मौसी का यह कैसा चेहरा!

समय को अभिशाप देते हुए ओंकार ने मौसी को प्रणाम करके घर के भीतर कदम रखा और घर में पहुँच कर समय के पास क्षमा माँगने के लिए बाध्य हुआ। जो समय फूलों की पंखुड़ियों से रंग लौटा लेता है, वही फिर से कलियों के होंठों पर तमाम रंग उड़ेलते हुए परिपूर्णता का चित्र आँकता है। पतझड़ से जुड़े शीत के बाद फूलों से लदे वसन्त के हिंडोले में समय फिर से वेश बदल कर लौट आता है। समय सब कुछ देता है, सब कुछ लौटा लेता है। शून्यता, परिपूर्णता जीवन के नाटक में समय की मंच-सज्जा है।

"हे समय—हे महाकाल, तुम्हें प्रणाम!" ओंकार ने मन-ही-मन कहा और देखा कि उस दिन की नौ साल की एक साधारण-सी लड़की 'स्वाहा' आज समय

चित्रकार की निपुण तूलिका से अंकित एक अपूर्व चित्र-फलक की तरह शंख-शुभ्र बिछौने पर सौन्दर्य बिखेरते हुए लेटी हुई है, मुस्कराते हुए हाथ उठाकर नमस्कार कर रही है।

मौसी के समूचे लावण्य को स्वाहा के चेहरे में, आँखों में, अधरों में, बालों में बेझिझक हो उड़ेल दिया है उदार समय ने। पन्द्रह साल पहले की बात होती तो ओंकार सोचता कि मौसी ही लेटी हुई है उसके सामने। ''सेहत खराब होने के कारण उठ नहीं पा रही हूँ, इसके लिए बुरा मत मानना। मुझे पहचान रहे हो?'' स्वाहा ने कहा खूब सहज ढंग से। ''न पहचानने का चारा नहीं है, क्योंकि मौसी का पन्द्रह साल पहले का चेहरा मैं भूला नहीं हूँ।'' ओंकार ने स्वाभाविक स्वर में कहा। स्वाहा ने उदास होकर कहा, ''माँ का चेहरा कैसा हो गया है इस बीच, देखा है?'' बीते दिनों की तरह स्वाहा की बातचीत सीधी-सादी और सुलझी हुई थी।

''...समय के प्रवाह को मान लेने के अलावा दूसरी गति है नहीं। फिर भी मौसी का चेहरा पहले से ज़्यादा खराब दिख रहा है। क्या तबीयत ठीक नहीं रहती है?'' पूछा ओंकार ने।

उदासी के साथ मुस्करा उठी स्वाहा। वैसे ही लेटे-लेटे कहा, ''हमारे देश में अपनी बीमारी के कारण माताओं के चेहरे जितना खराब नहीं होते, उससे ज़्यादा खराब होते हैं परिवार के और लोगों के कारण।''

तब जाकर ओंकार ने अनुभव किया कि स्वाहा वैसे ही लेटे-लेटे उससे बातचीत कर रही है और स्वाहा की बीमारी के बारे में उसने अभी तक कुछ नहीं पूछा।

शर्मिंदा होकर उसने कहा, ''वास्तव में मैं शर्मिंदा हूँ कि तुम्हारी बीमारी के बारे में कुछ नहीं पूछा। क्या हुआ है?'' फिर से उदासी के साथ मुस्करा उठी स्वाहा और ओंकार के सवाल को टालते हुए कहा, ''छोड़िए उस बात को—मनुष्य का शरीर बीमारियों की खान है। बीमारियों का हिसाब रखें तो जिन्दगी गुजर नहीं सकती।''

''...फिर भी। कुछ तो ज़रूर हुआ है। तुम तो इतनी देर तक बिछौने पर सोने वाली लड़की नहीं हो। अब तक कितनी बार बगीचे का चक्कर लगा चुकी होती, उसका कोई हिसाब नहीं है। क्या चलने-फिरने के लिए डॉक्टर ने मना किया है?'' ओंकार ने ऐसे ढंग से कहा मानो स्वाहा अब भी 'नौ' साल की लड़की हो और बगीचे में फुदकते हुए खेलने की उसकी उम्र बीती नहीं हो। स्वाहा ने

फीकी हँसी के साथ कहा, "डॉक्टर हों, जो भी हों, ज़रूर किसी के मना करने से मैं लेटी हुई हूँ। अब तुम अपने बारे में बताओ..." स्वाहा ने मृदु मुस्कान बिखेर दी।

ओंकार ने तभी जाकर गौर किया कि स्वाहा के समूचे सौन्दर्य और लावण्य पर उदासी से भरी मलिनता का एक झीना-सा परदा पड़ा हुआ है। स्वाहा शायद लगातार बीमार रहती है।

निरवलम्ब हो लेटी हुई है स्वाहा। काफी सुडौल है उसका शरीर। एक लम्बा गाउन पहन रखा है। पैरों तक फैला हुआ है गाउन। दोनों पाँव कमल की फीकी पंखुड़ियों की तरह लग रहे हैं। स्वाहा के पैरों का थोड़ा-सा हिस्सा दिखते ही स्वाहा के बचपन के नाचते हुए दोनों पैर याद आने लगे। ओंकार ने सहसा पूछा, "आजकल नृत्य का अभ्यास चल रहा है? मैं कभी-कभार सोचता कि तुम ज़रूर एक मशहूर नृत्य-शिल्पी के रूप में प्रतिष्ठित हो चुकी होगी। बचपन से तुम्हारी साधना है। मौसा ने भी कुछ कम खर्चा नहीं किया है तुम्हारे नृत्य-गीत पर। उस समय तो तुम कमाल की नाचती थी..." स्वाहा नीरव हो दीवार पर टंगे चित्रपट की ओर निहार रही थी। स्वाहा का उस नौ साल की उम्र की नृत्य-भंगिमा का एक फोटो।

उदास स्वर में उसने कहा, "कई वर्षों से नृत्य का अभ्यास है नहीं। पूरी तरह छूट-सा गया है। आजकल गाने का अभ्यास कर रही हूँ। नाचने का अब सवाल नहीं उठता..." स्वाहा बीच में रुककर नीरव हो गयी।

ओंकार ने संवेदना भरे स्वर में कहा, "अपना भारतीय समाज ही ऐसा है। अधिकतर लड़कियाँ विवाह के बाद अथवा विवाह की उम्र में नृत्य कला को विवश होकर छोड़ देती हैं। नृत्य के बदले गाने की ओर तुम्हारा जो रुझान बढ़ा है, यह बहुत अच्छा है। जीवन-भर संगीत की साधना करने में कोई अड़चन नहीं है। उस समय भी तुम बहुत अच्छा गाती थी।"

"...अच्छा हो या बुरा, जब नृत्य बन्द है तो गाने का आसरा ले लिया है। कुछ तो करना ही चाहिए?" स्वाहा फिर से मुस्करा उठी और ओंकार के लिए चाय-नाश्ता लाने के लिए वसुधा को आवाज दी।

वसुधा चाय और नाश्ता देकर ओंकार के सामने बैठी। चाय पीते हुए ओंकार ने सोचा कि अब वसुधा के शरीर का ढाँचा मात्र रह गया है। उस ढाँचे पर एक दिन सुन्दर मूर्ति सजी हुई थी। आज उसे समय के निष्ठुर हाथों ने उजाड़ दिया है। बुढ़ापा और बीमारी दोनों, मित्रों की तरह हाथ मिलाकर वसुधा के शरीर में शान्ति से रह रहे हैं। दमे की उस पुरानी बीमारी ने उन्हें दबोच रखा है और

धीरे-धीरे उनकी रीढ़ की हड्डी टेढ़ी हो रही है। हृदय से वेदना का स्वर वीणा की झंकार की तरह अविरत झंकृत हो रहा है। बात करते-करते वे झुक पड़ती हैं, दम लेती हैं और अश्रु-जल को रोकती रहती हैं।

ओंकार की अन्यमनस्कता के दौरान ढेर सारी बातें पूछती गयी हैं वसुधा। पिता, माँ, घर-बार, नौकरी और सेहत के बारे में सब कुछ पूछती जा रही हैं अपनों की तरह। ओंकार धीरे-धीरे उत्तर दे रहा है।

"कब वापस जा रहे हो? कितने दिनों की छुट्टी लेकर आए हो?" पूछा वसुधा ने।

ओंकार ने चिन्तित होकर कहा, "कुछ तय नहीं किया है। पिताजी की सेहत पर सब कुछ निर्भर है। सुना है, उनकी तबीयत ठीक नहीं रहती। गाँव में सही इलाज और देखभाल सम्भव नहीं हैं। उनकी कोई व्यवस्था किए बिना मैं कैसे लौट सकता हूँ? इसलिए सोचता हूँ कि वापस जाऊँगा ही नहीं।"

वसुधा ने उसाँस भरी। आर्द्र स्वर में कहा, "तपस्या की थी महेन्द्र बाबू ने, तुम जैसा लड़का पाया है। आजकल मौत की सेज पर पड़े माँ-बाप को देखने के लिए भी आ नहीं पाते हैं बेटे। जिम्मेदारी, कार्य-व्यस्तता, धन-उपार्जन, क्षमता और सम्मान आदि के लिए संघर्ष करना जीवन से भी अधिक मूल्यवान है। संसार में आजकल जीवन ही सबसे फुजूल है...।"

वसुधा उदास हो गयीं। चुपचाप भावना की गहराई में खो गयीं। ओंकार ने अनुभव किया कि वसुधा की बातों में भले ही आधुनिक जीवन का सत्य हो, पर वसुधा ने भावप्रवण होकर अपने हृदय की कुछ गोपनीयता को ओंकार के सामने व्यक्त कर दिया है।

संजय भैया श्यामल बाबू के इकलौते बेटे हैं। संजय शिक्षित और प्रतिष्ठित हैं। श्यामल बाबू की ढेर सारी सम्पत्ति के उत्तराधिकारी। श्यामल बाबू के अवशिष्ट जीवन की कोई भी बात संजय भैया पर निर्भर नहीं है। श्यामल बाबू की जमा-पूँजी, पेन्शन के रुपये, कटक और पुरी शहर के मकानों से मिलने वाले किराये की मोटी रकम बचे-खुचे जीवन के ऐश के लिए काफी है। लड़कियाँ खूब अच्छी तरह से हैं। संजय के लिए कुछ करने को बचा नहीं है। तो फिर क्या मौसी की ऐसी कोई गोपनीय आशंका है कि संजय माँ-बाप के बुढ़ापे में सहायक नहीं होगा! हालाँकि संजय भैया ने कनाडा का नागरिकत्व जो ग्रहण कर लिया है, उस बात से शायद वसुधा को पीड़ा हुई होगी।

निम्न मध्यवित्त जीवन में अकसर ऐसा होता है। विस्तारित परिवार में कोई

यदि प्रतिष्ठित हो जाता है, तब सेवा-निवृत्त पिता, माँ, नाबालिग भाई-बहनें सभी निर्भर करते हैं उस एक ही की आमदनी पर। छोटे भाइयों की पढ़ाई-लिखाई, बहनों की पढ़ाई और शादी, यहाँ तक कि पढ़ाई के बाद यदि भाइयों को नौकरी न मिली या बहनों के लिए योग्य पात्र न मिले, तब अनिश्चित समय तक सभी की जिम्मेदारी उस एक ही को निभानी पड़ती है। मध्यवित्त मानव की आशाओं की भी सीमा नहीं होती। सामर्थ्य की तुलना में आकांक्षाएँ अधिक होती हैं उसकी। वह निम्नमुखी नहीं, ऊर्ध्वमुखी होता है। पाँच जनों में एक बनकर खड़े होने की आशा में, समाज के प्रथम पाँचों में ही वह अपना स्थान बना लेना चाहता है। इसके लिए उसमें सामर्थ्य, शक्ति, उद्यम, परिश्रम, निष्ठा, साधना--इन सबका होना आवश्यक है, इस बात को समझने की शक्ति सब में नहीं होती। इसलिए वह हमेशा असन्तुष्ट और अतृप्त रहता है। एकमात्र कमाने वाले भाई की कमाई सीमित है और उसका भी एक सीमित परिवार है, इस पर विचार करने के लिए कोई तैयार नहीं है। "बेटे को काबिल बनाया, बेटा पूछ नहीं रहा है। आजकल के बच्चे आत्मकेंन्द्रिक हैं। अपने बच्चों के लिए जो करते हैं, भाई-बहनों के लिए वह नहीं करते।" यही सार्वजनीन अभियोग है। असन्तोष और असीम कामना की माँग के बीच बेचारा अकेला कमाने वाला पिस जाता है। वह न इस कुल का रहता है, न उस कुल का। इस तरफ माँ, पिता, भाई, बहन और दूसरी तरफ पत्नी, बच्चे और सामाजिक स्थिति। सीमित आमदनी में दोनों तरफ की आवश्यकताओं को पूरा करते समय वह सन्तुलन बना नहीं पाता है। धीरे-धीरे वह एक तरफ झुकने लगता है। दूसरी तरफ वाले हाथ से छूट जाते हैं।

सहज ढंग से ही एक अस्वाभाविक परिस्थिति उपजाते हुए दूर रहने वाले माँ, बाप, भाई, बहन दूर हटने लगते हैं। अपनी पत्नी और बाल-बच्चों के सुख-दुःख से चिपकते हुए मध्यवित्त मानव समाज से संसार से अलग होकर अकेला हो जाता है।

लेकिन संजय भैया के लिए ऐसा क्योंकर संभव है? उनके लिए जीवन-भर गले का काँटा बनने वाला है भी कौन श्यामल बाबू के परिवार में?

बाल-बच्चे बड़े हो जाएँ तो माँ-बाप के बुढ़ापे का आ पहुँचना जीवन-धर्म है। फिर भी इतनी-सी जिम्मेदारी निभाने में बच्चों को इतनी कुण्ठा क्यों होती है? ओंकार ने अपनी आँखों से देखा है कि उस देश का बुढ़ापा कितना भयंकर, दुःखपूर्ण, निस्संग और बन्धुशून्य है। इस देश और उस देश के बीच प्राचुर्य और ऐश्वर्य में जमीन और आसमान का फरक होते हुए भी दुःख, हाहाकार और

निस्संगता में कोई खास फरक नहीं है। उस देश की कई सामाजिक व्याधियाँ संक्रमित हो आयी हैं इस देश के जीवन में। संयुक्त परिवार आज टूट रहे हैं, पति-पत्नी का सम्पर्क अब जन्म-जन्मान्तर का बन्धन नहीं रहा। माता-पिता और बाल-बच्चों में 'लेन-देन' और 'लाभ-हानि' का संपर्क है। बन्धुत्व आज लौकिक और कृत्रिम हो गया है, जीवन एक तरह से आवेगशून्य और पंगु है।

ओंकार की अन्यमनस्कता में श्यामल बाबू पता नहीं कब से हाथ में एक छड़ी लिए पूरे घर में घूम-घूम कर नाच रहे हैं। ओंकार ने गौर किया कि स्वाहा जहाँ लेटी हुई है, उसके सामने वाली दीवार पर पेट के बल पर सरकती हुई मोटी-तगड़ी छिपकलियों का पीछा करते हुए श्यामल बाबू पीट-पीट कर नीचे गिरा रहे हैं।

निरीह जीवों पर यह कैसा निर्मम अत्याचार! श्यामल बाबू की छिपकली-हत्या के दृश्य को निर्वेद होकर देख रही हैं स्वाहा और वसुधा। उनमें कोई प्रतिक्रिया नहीं है। मानो यह नित्यप्रति का एक साधारण दृश्य हो।

सभी छिपकलियाँ नीचे गिर पड़ीं तो श्यामल बाबू ने ठहाके लगाते हुए कहा, "हिम्मत तो देखो! छिपकली एक जीव, इसके पैरों में इतनी ताकत कि वह इस धरा को सकोरा जैसा समझने लगे! संसार में इतनी जगह होते हुए भी 'स्वाहा' के सोने के कमरे में इनका तमाम अखाड़ा। मरने दो अब।"

ओंकार कुछ समझ नहीं पा रहा था। दीवार पर छिपकलियों का रहना कोई अपशकुन तो नहीं है। मौसा इन्हें सजा क्यों दे रहे हैं? अचानक स्वाहा की चारपाई के नीचे से कूँ-कूँ की आवाज सुनाई पड़ी। एक प्यारा-सा कुत्ता विकल आँखों से टुकुर-टुकुर निहार रहा है, श्यामल बाबू से करुणा की भीख माँग रहा है। कुत्ता सरकते हुए बाहर निकला। उसके दोनों पिछले पैर टेढ़े होकर जमीन पर रेंग रहे हैं। दोनों पैर कमजोर और नाकाम हो गए हैं। क्या हो गया है इसे? ऐसे कुत्ते खूब उछल-कूद करते हैं। फिर भी, दोनों पैरों की यह कैसी दयनीय दशा है!

श्यामल बाबू ने आत्म-सन्तोष के साथ ओंकार की ओर निहारते हुए कहा, "देख रहे हो न इसके दोनों पैरों को? मार-मार कर मैंने दोनों पैरों का कचूमर निकाल लिया है। कचूमर नहीं निकालता? क्या सोचा है इस कुत्ते ने खुद को। उछल-कूद करने की, दौड़ने की एक सीमा होती है। घर की रखवाली के लिए मैंने इसे पाला है, पर यह ब्रह्माण्ड की परिक्रमा करता रहेगा। संसार में इस अकेले के ही पैर हैं या और किसी के भी हैं। घमण्ड की भी एक सीमा होती है!"

"निष्ठुरता की भी एक सीमा होती है", मन-ही-मन सोचा ओंकार ने। उसे

लगा मानो वृद्ध श्यामल बाबू छिपकलियों और पालतू कुत्ते को मारकर शिकार की आकाँक्षा पूरी कर रहे हों।

वसुधा प्रतिवाद भी नहीं कर रही हैं। तथापि मौसी की तरह दयामयी नारी बहुत कम देखी है ओंकार ने। बिना किसी कारण के वे एक मक्खी को भी नहीं मारतीं। मौसी की दयाशीलता और करुणा के कुछ दृश्य साफ याद हैं उसे।

शिकार किए गए जानवरों को लेकर सुबह-सुबह विजय-उल्लास के साथ पहुँचे होंगे मौसा। लम्बा-लम्बा लिटा देंगे बरामदे में। वीरत्व के साथ खुद खड़े रहेंगे। मौसी को हाँक लगाएँगे चीखते हुए। जब तक मौसी देख नहीं लेंगी, तब तक वैसे ही खड़े रहेंगे उसी पोशाक में। उनके लिए पौरुष और सौन्दर्य का चरम निदर्शन इसके अलावा मानो कुछ और हो ही नहीं सकता।

मौसी आएँगी। जानवरों को देखते ही उनकी दो कमनीय आँखें करुणा से आर्द्र हो उठेंगी। जानवर मरे हुए हैं, इस बात को भूलकर वे बैठ जाएँगी मृत शरीरों के पास। जख्मों पर जमे ताजा खून को धीरे-से पोंछ लेंगी, अस्पष्ट स्वर में कहेंगी, ''उफ्, कितना खून! कितना कष्ट हो नहीं रहा होगा बेचारे को...।'' मौसा ठहाके लगाने लगेंगे; कहेंगे, ''देखो, ये आँसू जैसे जानवरों पर न गिरें। मांस नमकीन लगेगा। मौसी की आँखें सचमुच आँसू से भर रही होंगी। अपने हाथों से मांस पकाएँगी मौसी। यह मौसा की इच्छा है। किन्तु मौसी सारा दिन उपवास में रहेंगी। सेहत ठीक नहीं है, मितली-सी आ रही है आदि बहाने बनाकर वे बिल्कुल भूखी रह जाएँगी। किसी के बाध्य करने से वेदना-भरे स्वर में कहेंगी, ''पता नहीं क्यों उनके हाथों से शिकार किए गए जानवरों का माँस पकाने के बाद दिन-भर खाने के प्रति अरुचि-सी हो जाती है।''

मौसी की दयाशीलता के कई उदाहरणों में से यह केवल एक है। फिर भी, आज मौसी, मौसा की इस अनुचित निष्ठुरता के खिलाफ आवाज क्यों नहीं बुलन्द कर रही हैं। मौसा की भी यह कैसी अजीब करतूत है।

श्यामल बाबू में आजकल क्या मस्तिष्क-विकृति के लक्षण दिखाई पड़ रहे हैं?

बुढ़ापे में मनुष्य कितना असहाय हो जाता है, उस पर सोचते-सोचते ओंकार अपने पिता के बारे में सोचकर उदास होने लगता है।

श्यामल बाबू ओंकार के सामने आ बैठे। वह कुत्ता रेंगते हुए फिर लेटी हुई स्वाहा की चारपाई के नीचे चला गया। आगे के दोनों पैरों में मुँह फँसाकर टुकुर-टुकुर देखने लगा श्यामल बाबू की ओर।

ओंकार ने अपने पिता की बातें सोचते हुए कहा, ''सोचता हूँ कि पिता को थोड़े दिनों के लिए शहर ले आऊँगा। उनकी सेहत की सही जाँच-पड़ताल करवाने के बाद इलाज की व्यवस्था करूँगा। आपकी नजरों में किसी का खाली मकान हो तो कहिएगा। यहाँ किसी से मेरी जान-पहचान है नहीं...''

श्यामल बाबू ने उत्साहित होकर कहा, ''तुम्हें मकान चाहिए? शहरों में चाहते ही मनमुताबिक मकान फौरन नहीं मिलता। इत्तिफाक से मेरा एक मकान खाली पड़ा है। तुम पिताजी को लाकर रह सकते हो। छोटा-सा मकान ही तुम्हारे लिए ठीक रहेगा। मकान भी अस्पताल और मार्केट के आसपास है।''

ओंकार अनायास ही कह उठा, ''लेकिन...''

''लेकिन का सवाल ही कहाँ उठता है? तुम तो मुफ्त में नहीं रहोगे, किराया दोगे। बाजार के हिसाब से जितना किराया बनता है, उतना दे देना। मुझे कोई आपत्ति नहीं है।''

श्यामल बाबू ने ओंकार के मन की बात ही कह दी। वास्तव में अब उसे पैसों की कमी नहीं है—वह दूसरों की दया पर क्यों निर्भर करेगा? वह यही बताना चाह रहा था। अब ओंकार एक तरह से आश्वस्त है। वह पिताजी को लेकर फौरन आ भी सकता है। सचमुच शहरों में अचानक एक मकान का मिलना इतना आसान नहीं है।

ओंकार ने किराये की सारी बातें तुरंत श्यामल बाबू से निबटा लीं। बैग से दो जोड़े पाँव के मोजे निकाले। कहा, ''आजकल कॉलेज की लड़कियाँ ज़्यादातर यही सब पहनती हैं। तुम्हारे लिए कुछ और नहीं ला सका। बचपन में तुम इसी तरह के लम्बे-लम्बे मोजे पहन कर स्कूल जाया करती थीं। आजकल कॉलेज की लड़कियाँ फ्रॉक के साथ भी ये सब पहनती हैं। मेरे एक मित्र ने अपनी बेटी के लिए इस तरह के चार जोड़े भिजवाये हैं। दो जोड़े के पैसे मैं उन्हें भिजवा दूँगा।''

स्वाहा के लिए दो जोड़े मौजे ले जाकर ओंकार के मन को तसल्ली नहीं मिली है, इसलिए इतनी सारी कैफियत देनी पड़ रही है उसे।

स्वाहा ने वैसे ही लेटे-लेटे हाथ बढ़ा दिए। मोजे के जोड़े को लेकर उलट-पुलट कर देखा। खोलते हुए दोनों किनारों को पकड़ कर अच्छी तरह थोड़ा और निहारा। लम्बे मोजे के इस सिरे से उस सिरे तक हाथ फेर लिया और कहा, ''खूब सुन्दर, खूब मुलायम हैं। बचपन में इस तरह के मोजे की खूब तलाश की है। उस समय हमारा कोई विदेश में नहीं था। हालाँकि आजकल इन सब को पहन नहीं सकती,

फिर भी तुम जब लाये हो तो सहेज कर रखूँगी।'' एक अस्पष्ट लम्बी साँस स्वाहा के अन्दर से निकल पड़ी। वह उदास हो गई।

ओंकार ने सोचा, शायद स्वाहा आजकल स्कर्ट या फ्रॉक पहनती नहीं है। इसलिए साड़ी या लम्बे गाउन में इस मोजे की विशेषता का पता न चलना स्वाभाविक है। तब भी स्वाहा को मोजे पसन्द आये, यह कुछ कम बात नहीं है।

ओंकार ने खुश होकर कहा, ''भले ही मोजे को सहेज कर रखना पर कम-से-कम एक बार पहन कर देखना। बचपन में जब ऐसे मोजे पहनती थी, तब तुम्हारे पैर और लम्बे दीखते थे, ठीक जिराफ के पैरों की तरह'' हँस दिया ओंकार ने। मानो आज भी स्वाहा नौ साल की एक लड़की है और ओंकार पन्द्रह साल का वही देहाती किशोर।

स्वाहा और अधिक उदास हो उठी। कहा, ''आजकल जूते और मौजे का शौक नहीं है। मेरे लिए हेयर क्लिप नहीं लाये? देखो ये बाल बिखर कर किस तरह झड़ रहे हैं।''

ओंकार ने गौर से देखा कि स्वाहा के घने घुँघराले केश भले ही विदेशी ढंग से बनाकर कटवाये गये हों, लेकिन तमाम तकिये पर खूब फैले हुए हैं। उसमें स्वाहा का पतला और फीका चेहरा काले बादलों की संध से दूज के चाँद की तरह खूब रमणीय लग रहा है। ओंकार ने कुण्ठित होकर कहा, ''वास्तव में पता नहीं था कि तुम्हारे साथ यहाँ भेंट होगी। इतने वर्षों के बाद कौन, कहाँ किस हाल में है, जानना सहज नहीं हैं। मेरे हिसाब से तुम्हें दूसरी बहनों की तरह ससुराल में होना चाहिए था...।''

वसुधा उठकर अन्दर चली गई। नीरव होकर छत की ओर निहारते हुए किसी भावना में मग्न हो गई स्वाहा। ओंकार अब उठा। स्वाहा से विदा माँगते हुए कहा, ''आशा है, खूब जल्दी सेहत ठीक हो जाएगी। गाँव से मेरे लौटने तक तुम पहले की तरह बाग में दौड़ती-फिरती होगी। पिताजी देखेंगे तो उन्हें बेहद खुशी होगी। इस बीच कितने साल गुजर चुके हैं, कितना कुछ बदलाव आ गया है सभी के जीवन में, इस बात को शायद, तुम्हें बाग में दौड़ते-फिरते हुए देखने से वे भूल जाएँगे। वे शीघ्र ही स्वस्थ होने लगेंगे।''

बिना किसी उत्तर के स्वाहा हल्का-सा मुस्कराई। श्यामल बाबू ने कहा, ''तुम आकर सीधा उस घर में पहुँचना। ये चाबी ले लो। घर की साफ-सफाई करवा दूँगा। मेरे पास एक और चाबी है। तुम कब आ रहे हो? पहले से एक चिट्ठी डाल दोगे, तो मैं किसी से एक गाड़ी माँगकर स्टेशन पहुँच जाऊँगा। सुना है महेन्द्र

बहुत बीमार हैं। रिक्शे से इतना रास्ता आने में तकलीफ होगी।''

श्यामल बाबू का एक विशाल हृदय भी है, इस बात को इतने दिनों बाद समझ पाया ओंकार। मुस्कराते हुए कहा, ''तो फिर स्वाहा ही स्टेशन आएगी हमें लाने के लिए। पिताजी खुश होंगे। कितना प्यार करते थे वे स्वाहा से। मैं ठीक एक हफ्ते के बाद लौटूँगा। गाड़ी का समय आप जानते ही होंगे।''

श्यामल बाबू ने सिर हिलाते हुए हामी भरी। ओंकार ने एक बार फिर से पूछा, ''स्टेशन आओगी न हमें लाने के लिए?''

एक बार फिर उसी पुरानी फीकी हँसी की एक धारा बिखर गई स्वाहा के समूचे होठों पर। कोई जवाब नहीं दिया।

ओंकार ने सोचा कि तितली की तरह चपल-चंचल चुलबुली-सी एक लड़की को समय ने कितने कमनीय ढंग से सुजन बना दिया है।

जिसकी आशंका थी, वही हुआ है। पिताजी के एक तरफ से अंग निष्क्रिय हो गए हैं। बुढ़ापे का अन्तिम अभिशाप पक्षाघात है।

गाँव में इलाज का तो सवाल ही नहीं उठता। सेवा-टहल, समुचित भोजन और देख-भाल की कमी के कारण महेन्द्र एक जिन्दा लाश बन चुके हैं। जिन्दा तो हैं, पर जान नहीं है। शरीर है, स्मृति नहीं है।

बड़ी मुश्किल से महेन्द्र को शहर ला पाया। इलाज करने से चलने-फिरने की उम्मीद है। बीमारी ज़्यादा दिनों की नहीं है। हालाँकि यह समय-सापेक्ष है, फिर भी निराश होने की बात नहीं है।

संयोग से श्यामल बाबू किसी से एक जीप माँग कर स्टेशन आए हुए थे। श्यामल बाबू को देखकर महेन्द्र रो पड़े। कहा, ''एक पंगु के जीवन का दुःख आप नहीं समझ सकते। इससे मौत बेहतर है। ओंकार इस लाश को ढोते हुए शहर क्यों ले आया है, वही जाने। अब सिर्फ मौत का इंतजार है...''

श्यामल बाबू निर्विकार हो खड़े रहे। शिष्टाचार के तौर पर तसल्ली के दो शब्द भी नहीं बोले। हालाँकि श्यामल बाबू झूठी तसल्ली देने वाले व्यक्ति नहीं हैं।

जीप में बैठकर जाते समय महेन्द्र बाबू ने एक-एक करके सभी बच्चों के बारे में पूछा। सबसे छोटी स्वाहा तक आकर रुक गए काफी देर तक। स्वाहा महेन्द्र बाबू की काफी लाड़ली थी।

महेन्द्र ने पूछा, ''स्वाहा बिटिया के हाथ पीले क्यों नहीं किए हैं? उसके

लिए तो लड़कों की कमी नहीं होनी चाहिए! काफी कुछ पढ़ रही है तो पढ़ने दीजिए—उम्र कौन-सी ज़्यादा हो गई है?''...सुना था कि तबीयत खराब थी। ठीक हो चुकी है?''

''...वैसे, एक तरह से...हाँ, करीब ठीक है''—श्यामल बाबू ने उत्तर दिया।

ओंकार ने सोचा कि स्वाहा ठीक है, फिर भी स्टेशन नहीं आयी? महेन्द्र काफी खुश होते। उन्हें इतना तो अहसास होता कि वक्त ने छोटे-बड़े के भेद-भाव को दूर कर दिया है। खैर, इतनी उम्मीद भी ठीक नहीं है। पढ़ाई-लिखाई करके ओंकार भले ही स्वाहा के बराबर हो गया हो, लेकिन महेन्द्र तो श्यामल बाबू के भूतपूर्व अधीनस्थ कर्मचारी हैं! उस दूरी को भुला देने की उदारता कितनों में होती है?

ओंकार घर सजाने में लग गया। गाँव से एक लड़के को लेकर आया है पिताजी की देख-भाल के लिए। विदेश में काफी साल रहते हुए वह करीब सभी कामों को करना सीख चुका है। बचपन में ही ढेर सारा काम सीख चुका था। अकेले 'बिसू' को लेकर वह पिताजी की सेवा-टहल और पथ्य-परहेज का इंतजाम सही ढंग से कर सकता है। घर सजाने और डॉक्टर से सलाह-मशविरा करने में दो-चार दिन निकल गए।

शाम को पिताजी के पास बैठकर आगे का कार्यक्रम तय कर लिया। अब वह विदेश नहीं जाएगा। अपने देश में उसके लिए नौकरी की कमी नहीं है। ओंकार ने यह बात पहले कभी नहीं सोची थी, ऐसा नहीं है। पर अब मन में ठान लिया है। सोचा कि पिताजी की इच्छा के अनुसार साधारण घर की किसी गुणवती लड़की से शादी करने में भी उसे आपत्ति नहीं है। पिताजी के दोस्त की बेटी का प्रस्ताव बुरा नहीं है। कम-से-कम पिताजी को तो अपना बना सकेगी, यह बड़ी बात है। ओंकार की अपनी अलग पसन्द जब है नहीं, तब पिताजी की पसन्द को स्वीकार कर लेने में आपत्ति क्यों होगी? लेकिन पहले खुद तो प्रतिष्ठित हो जाए। इसके लिए कुछ दिन लगेंगे ही। फिर उसकी बातें...

पिताजी के पास बैठा तो आत्म-सन्तोष से हृदय भर उठा। कितना कुछ कमाया है ओंकार ने। ढेरों-ढेर रुपये भिजवाये हैं पिताजी के इलाज तथा खर्चों के लिए। पर इस तरह का आत्मा-सन्तोष कभी नहीं मिला था। आज पिताजी के इलाज और सेवा-टहल की जिम्मेदारी खुद उठाने के बाद उसे अनुभव हो रहा है कि त्याग का आनन्द भोग के आनन्द से महान है; देने का सन्तोष, लेने के सन्तोष से ज़्यादा भरपूर होता है।

इस बीच श्यामल बाबू दो बार महेन्द्र से मिलने आ चुके हैं। श्यामल बाबू कभी महेन्द्र के उपरिस्थ अफसर, नियोक्ता और अन्नदाता थे, इस बात को श्यामल बाबू जैसे भूल गए हों। समान स्तर के एक मित्र की तरह वे महेन्द्र से बातचीत कर रहे हैं, उनका हाल-चाल पूछ रहे हैं। क्षमता, इल्ली के खोल की तरह मनुष्य के सुन्दर व्यक्तित्व को कितना कठोर, रुक्ष और अबोध बना डालती है! श्यामल बाबू इस तरह के एक दर्दमंद दोस्त भी हैं, यह बात उन्हें आश्चर्य में डाल रही है।

अवकाश ग्रहण के बाद आदमी कितना निस्संग हो जाता है। बाल-बच्चे बड़े होकर अपनी घर-गृहस्थी में फँसे रहते हैं। दफ्तर के लोग फिर कभी ड्योढ़ी पर कदम नहीं रखते। पहले की तरह आदेश के इन्तज़ार में चारों तरफ अधीनस्थ कर्मचारियों की भीड़ जमी नहीं रहती। कुल मिलाकर सेवा-निवृत्ति के बाद व्यक्ति अपने अलावा और सभी के लिए मानो अनावश्यक-सा हो जाता हो।

इनसान इस धरती का सबसे बड़ा स्वार्थी, निर्मम और अहंकारी जीव है। खुद को छोड़कर वह किसी और को निर्मल प्रेम दे नहीं सकता। फिर भी इनसान अकेला जी नहीं सकता। धन-दौलत के बावजूद उसे चाहिए संगी-साथी, परिजन और एक अपना-सा इनसान। इसलिए शायद सेवा-निवृत्त व्यक्ति के पहले के सारे गाम्भीर्य और अहंकार घुल-से जाते हैं, वह कुछ हद तक प्रगल्भ हो उठता है। हृदय खोल बैठता है औरों के पास।

श्यामल बाबू प्रगल्भ नहीं हुए हैं, लेकिन पहले से ज़्यादा बातचीत कर रहे हैं, मन ज़्यादा खुला हुआ है।

श्यामल बाबू को देखकर स्वाहा की बात याद आ गई ओंकार को। स्वाहा को ज़रूर पता होगा कि महेन्द्र पक्षाघात का शिकार हो गए हैं। चाहते हुए भी स्वाहा को देखने जा नहीं पा रहे हैं। फिर भी वह महेन्द्र से मिलने तक नहीं आयी। महेन्द्र कभी उसके पिता के अधीनस्थ थे। इसका मतलब यह तो नहीं कि इनसे मिलने आये तो स्वाहा की इज़्ज़त घट जाएगी?

महेन्द्र ने पूछा—मेरी 'स्वाहा' बिटिया कैसी है? सुना था कि तबीयत कुछ खराब थी, ज़रूर ठीक हो चुकी होगी। कितनी बड़ी हो चुकी है? शादी-ब्याह हुआ कि नहीं?

श्यामल बाबू ने महेन्द्र के इतने सारे सवालों का जवाब नहीं दिया। अपितु बात को घुमाते हुए कहा, "तुम शीघ्र ही चलने-फिरने लगोगे महेन्द्र और खुद जाकर स्वाहा से बातचीत करोगे। वह आजकल कहीं बाहर निकलती नहीं है। नहीं तो तुमसे मिलने ज़रूर आती।"

महेन्द्र ने स्नेह भरे स्वर में कहा, "बचपन की इतनी चुलबुली और चंचल लड़की पढ़-लिखकर बड़ी हो जाने के बाद कितनी शान्त, धीर और नम्र हो गई है। आजकल की लड़कियाँ तो बिल्कुल उलटी हैं। तो फिर कितना बदल गई है स्वाहा! बचपन में पल-भर के लिए भी स्थिर नहीं बैठती थी..." वात्सल्य और ममता की हँसी बिखेर दी महेन्द्र ने।

श्यामल बाबू भी मुस्करा उठे। कहा, "ईश्वर का ही निर्देश! अपनी इच्छा से मनुष्य कुछ कर पाता है क्या? वैसा होता, तो इस संसार में दुःख नाम की कोई चीज होती ही नहीं।

पहले की तरह असहाय लेटी हुई है स्वाहा। अविचल, अनासक्त, एक चित्रपट्ट की तरह पड़ी हुई है उस सफेद बिछौने पर।

हाथ उठाकर ओंकार को नमस्कार किया। ओंकार ने अचरज भरे स्वर में पूछा, "उस दिन से इसी तरह पड़ी हुई हो बिछौने पर। तबीयत ठीक नहीं हुई है? ऐसी कौन-सी लाइलाज बीमारी है तुम्हारी? आजकल के जैसे डॉक्टर, दवाइयाँ भी वैसी। मैंने सोचा था कि तुम पूरी तरह स्वस्थ हो चुकी होगी। पिताजी को यह सोचकर दुःख हुआ होगा कि तुग उन्हें देखने क्यों नहीं आईं। उन्हें यह तो नहीं पता कि छोटी-मोटी बीमारी को लेकर तुमने खाट पकड़ ली है। सुनेंगे तो विश्वास भी नहीं करेंगे। वे तो सोचते हैं कि तुम अब भी तमाम बगीचे में दौड़ती-फिरती होगी।"

स्वाहा ने ओंकार को बोलते रहने दिया और अपनी बारी का इंतजार करने लगी। ओंकार की बात खत्म होने के बाद स्वाहा ने पूछा, "मौसा की तबीयत कैसी है? कितने दिन लगेंगे स्वस्थ होने में? जब तक वे मुझे देखने के लिए आएँ, तब तक मैं इन्तज़ार करूँगी। आशा है कि वे शीघ्र ही स्वस्थ हो जाएँगे..."

"ईश्वर ही जाने," एक लम्बी साँस भरते हुए ओंकार ने कहा।

"क्या हुआ है?" स्वाहा ने पूछा।

ओंकार ने उदास और करुण स्वर में कहा, "पिताजी को जो हुआ है, वह दुश्मन को भी न हो। अकर्मण्य होकर जीवित रहने से बढ़कर दुःख और कुछ है? पिताजी का एक अंग निष्क्रिय हो गया है। पैरॅलिसिस। सोच सकती हो कि उनका हाल कैसा है?"

स्वाहा पूरी तरह उदास हो गई। उसका चेहरा उतर गया। एक अनकही

वेदना से मानो टूट रही हो, फिर भी टूटने में उसे काफी झिझक हो।

स्वाहा के दुःख से पसीजते हुए ओंकार ने कहा, "पैरॅलिसिस की बात सुनते ही तुम्हें इतनी चोट पहुँची। जो भुगत रहा है उसके दिल की ठेस कितनी गहरी होगी, समझ रही हो? हालाँकि पिताजी का एक अंग सक्रिय है और धीरे-धीरे दूसरा अंग भी सक्रिय होने लगेगा। हालत इतनी गम्भीर नहीं है। कुछ लोग हैं, जो बुढ़ापे में सम्पूर्ण पक्षाघात का शिकार होकर बची-खुची जिन्दगी बिस्तर पर ही गुजारते हैं। ईश्वर को धन्यवाद कि मैं सही समय पर लौट आया। नहीं तो, भोगने वाले की पीड़ा से सेवा करने वाले की पीड़ा बढ़ जाती है।"

बिल्कुल नीरव हो लेटी हुई थी स्वाहा। पक्षाघात को झेल रहे अभिशप्तों के लिए शायद नीरव संवेदना जता रही थी। पराये दुःख से दुखी होने वाली इस लड़की के प्रति ओंकार के मन में श्रद्धा उमड़ने लगी।

श्यामल बाबू रोज़ की तरह एक छड़ी लिए लपकते हुए छिपकलियों को मार रहे थे। ओंकार ने स्वाहा को शुभरात्रि कहते हुए विदा होना चाहा। कहा, "तबीयत ठीक हो जाए तो एक बार पिताजी से मिलने आना। खाट पर पड़े रहते हैं, या फिर बाहर बरामदे में ले जाकर बैठाना पड़ता है। अकेले बैठे-बैठे इनसान के लिए तरस जाते हैं। मैं भी अकसर बाहर चला जाता हूँ। किसी कम्पनी या फर्म में काम मिल जाए तो रोज़ी-रोटी का इन्तजाम हो जाए। इसी कोशिश में लगा हुआ हूँ।"

स्वाहा ने मन्द-मधुर स्वर में कहा, "मौसा स्वस्थ हो जाएँगे, यह सुनकर आश्वस्त हुई। भगवान उन्हें शीघ्र ही स्वस्थ करें..."

स्वाहा को धन्यवाद देते हुए ओंकार बाहर निकल आया। बाहर श्यामल बाबू खड़े हुए थे। ड्योढ़ी के पास मौसा की तरफ मुँह किए ओंकार खड़ा हुआ है। स्वाहा लेटी हुई है पीछे।

श्यामल बाबू ने कहा, "ईश्वर को पुकारने से सभी बीमार आदमी यदि स्वस्थ हो जाते, तो संसार में किसी का दुःख ही नहीं रहता।"

दुःख! अवज्ञा और असहायता की विकल हँसी से श्यामल बाबू का चेहरा विकृत दिखाई पड़ रहा था। श्यामल बाबू के नैराश्यपूर्ण मंतव्य से ओंकार मन-ही-मन खीझ उठा।

श्यामल बाबू की तरह एक सफल, सुखी और प्रतिष्ठित आदमी में इतनी हताशा और निराशा क्यों है? बुढ़ापा क्या इसका एकमात्र कारण है?

पीछे से स्वाहा ने पूछा, "फिर कब आओगे?"

"न, तुम पिताजी से मिलने नहीं आओगी तो फिर नहीं आऊँगा," खुशी के लहजे में मजाक करने के लिए तनिक मुस्कराते हुए जवाब दिया ओंकार ने। स्वाहा नीरव है। श्यामल बाबू ने उसाँस भरते हुए कहा, "तुम धीरे-धीरे आना बन्द कर दोगे, मुझे इस बात की आशंका थी। इस घर में प्रायः कोई नहीं आता है। स्वाहा जैसी एक लड़की को लेकर मौत के इन्तज़ार में पड़े हुए हम बूढ़ा-बूढ़ी दोनों में कोई आकर्षण नहीं है। इसलिए इस घर में प्रायः कोई नहीं आता है।"

ओंकार को सदमा-सा लगा। आश्चर्य के साथ सोचने लगा कि 'स्वाहा जैसी लड़की' कहने का मतलब क्या है ? स्वाहा क्या श्यामल बाबू के जीवन की कालिख है, या काँटा? ऐसी बात क्यों की श्यामल बाबू ने?

श्यामल बाबू ने करुणा-भरी मुस्कान बिखेरते हुए कहा, "तुम यदि दुबारा नहीं आने वाले हो, तो सारी बातें जानने से क्या लाभ? विदेश जाने से पहले यदि महेन्द्र स्वस्थ हो जाएँ तो एक बार घुमाने ले आना।"

ओंकार की समझ में कुछ नहीं आ रहा था। पत्थर की एक मूर्ति की तरह पास ही खड़ी हुई हैं मौसी। ओंकार के मन के द्वन्द्व को समझ रही हैं। कुछ कहना चाहती हैं, पर नीरव हो जाती हैं।

अपने सवाल का जवाब पाने के लिए असहाय हो इधर-उधर देख रहा है ओंकार। इस चिन्ता में है कि क्या कह कर विदा लेगा। श्यामल बाबू के घरेलू सुख-दुःख में इतना कौतूहल दिखाना शराफत नहीं है, यही सोचकर कदम आगे बढ़ाते समय नजर पड़ी बरामदे के एक कोने में काफी दिनों से अवहेलित-सी पड़ी हुई इस अभावित भयंकर चीज पर।

ओंकार के दोनों पैर फर्श पर जड़ बनते जा रहे हैं। धीरे-धीरे जड़ता व्याप रही है धमनियों से होते हुए समूचे शरीर में, चिंता, चेतना, स्मृति और विस्मृति में। थोड़ी देर बाद वह भयंकर व्हील चेयर हो सकता है ओंकार के लिए निहायत ज़रूरी हो जाए।

बरामदे के एक कोने में रखी हुई है एक व्हील चेयर। श्यामलेन्दु के वार्द्धक्यग्रस्त चेहरे से और मौसी की टूटती सेहत से भी ज़्यादा अवहेलित और परित्यक्त हो न जाने कब से पड़ी हुई है? गद्दे का खोल मैला-कुचैला और चेयर धूल से सनी हुई।

ओंकार की जड़ता से घिरी चेतना पर गहरी चोट करते हुए श्यामल बाबू की स्पष्टोक्ति सुनाई पड़ी, "यह चेयर काफी दिनों से काम में नहीं आ रही है। कुछ दिन पहले उस पर बैठ कर कम-से-कम बरामदे में इधर-उधर हो लेती थी।

अब पूरी तरह बिस्तर पकड़ लिया है। आज को मिलाकर चौदह साल हो गए वह अकेली कोठरी ही उसकी पृथ्वी है, रसोई के धुएँ से धूमिल वह छत ही उसका आकाश है, यह अर्द्धमृत शरीर ही उसका संसार है, उसकी सम्पत्ति है, उसका सपना है और भविष्य भी... तुमने उपहार में जो दो जोड़े मोजे दिए थे, वैसे ही रखे हुए हैं। दोनों पैर तो अब पैर जैसे नहीं रहे... दो सूखी लकड़ियों में तबदील हो चुके हैं...''

श्यामल बाबू हँसने लगे। उस हँसी में रोने का भाव ही समाया हुआ था। ओंकार रो नहीं पा रहा है, हँस नहीं पा रहा है, लेकिन झेल भी नहीं पा रहा है दुःख के इस बोझ को। वह सोच रहा है कि निर्मल हृदय वाली स्वाहा जैसी लड़की ने ऐसा कोई कुकर्म नहीं किया है, जिसके फलस्वरूप इतने बड़े अभिशाप को ढोते हुए पड़ी रहेगी—मृत्यु की प्रतीक्षा में।

पीछे की ओर गर्दन घुमाकर स्वाहा को निहार नहीं पा रहा है ओंकार। सामने रखी हुई व्हील चेयर को भी निहार नहीं पा रहा है। वह व्हील चेयर मानो दोनों हाथों को फैलाते हुए ओंकार को आलिंगन में लेकर पंगु बनाने के लिए ललकार रही हो।

अकर्मण्यता से ओंकार को घृणा है, भय है। स्वांहा अकर्मण्य हो दस साल से पड़ी हुई है, यह बात जितनी अविश्वसनीय है, उतनी ही असह्य। ना—स्वाहा जैसी लड़की अकर्मण्य हो नहीं सकती। स्वाहा जीवन-स्पन्दन का एक स्फुलिंग है। स्वाहा कर्म-प्रवणता की एक अविरल शिखा है। स्वाहा को अब तक जितना देखा है, उसमें अकर्मण्यता का नामोनिशान नहीं है। स्वाहा के अंग निश्चल हैं, लेकिन दोनों हाथ हमेशा काम में लगे रहते हैं। कभी हाथ में ऊन और सलाई लिए स्वेटर बुनती रहती है, तो कभी कुछ और काम करती रहती है। स्वाहा की आँखें, कान, हृदय, स्मृति, मस्तिष्क, भावना अब सक्रिय और सचल हैं, सूक्ष्मातिसूक्ष्म चेतना के स्पर्श से स्पन्दित हैं। स्वाहा कभी पंगु हो सकती है!

सत्य हमेशा सत्य होता है और कई बार निष्ठुर भी। उस निष्ठुरता का कोई प्रतिकार नहीं है, इसलिए उसे झेलना पड़ता है। ओंकार ने सत्य को स्वीकार कर लिया। सत्य से मुँह मोड़ कर निकल जाने की उम्र को वह पार कर चुका है। वह जितना भी कमजोर क्यों न हो जाए, पर टूट जाना ठीक नहीं होगा।

स्वाहा की ओर पीठ किए खड़ा हुआ है ओंकार। फिर भी वह समझ रहा है कि दो गहरी, कोमल और असहाय आँखें उसे अपलक निहार रही हैं। स्वाहा की बीमारी क्या है न जानते हुए, हँसी मजाक के लिए तैयार ओंकार ने उसके

मन में ठेस पहुँचायी है। अब स्वाहा की भयंकर बीमारी और भयंकर परिणति को हृदयंगम करने के बाद कुछ भी कहे बिना कैसे लौट सकता है वह?

ओंकार के कदम पीछे की ओर मुड़े। वह जा खड़ा हुआ स्वाहा के पायताने, ठीक उसका सामना करते हुए। हृदय की समूची करुण-संवेदना से स्वर को आर्द्र बनाते हुए सोचा कि कहेगा, "स्वाहा, मुझे खेद है, काफी खेद है..."

लेकिन उसे हैरत में डालते हुए स्वाहा ने शान्त, कोमल स्वर में कहा, "मुझे काफी खेद है ओंकार, अन्त तक कोशिश की थी कि तुम्हें मेरे बारे में कुछ पता न लगे। पता लगाने से क्या फायदा? तुम चंद दिनों के लिए आए हुए हो। फिर चले जाओगे। इस बीच मेरे पास आओगे काफी कम समय के लिए। तो फिर अपनी बात बताकर तुम्हारे ठहरने के चन्द दिनों को दुःखद क्यों बनाऊँ? मेरे पास कभी-कभार आने वाले कई लोग मेरे बारे में कुछ भी नहीं जानते। मेरे लिए कोई दुःखी हो, मुझ पर कोई दया करे, इसे मैं बरदाश्त नहीं कर सकती। औरों को दुःख पहुँचाने तथा औरों की दया का पात्र बनने की तुलना में मेरी यह बीमारी कम दुःखद है, कम दुःसह है।"

ओंकार स्तब्ध रह गया है। यह जानते हुए भी कि इस हाल में स्वाहा को झूठी तसल्ली देना निरर्थक है, हो सकता है कि करुणा से स्वर को आर्द्र बनाकर उसके दुःख को बाँट लेने से उसे सुख मिलता, उसने सौजन्य-भरी दो बातें की होतीं। लेकिन स्वाहा ने उस पथ को भी रुँध दिया है। उस पर ओंकार दया नहीं कर रहा है, अपितु ओंकार के दुःख के कारण, उसकी विवशता के कारण स्वाहा उस पर दया कर रही है—इसी नजर से वह ओंकार को निहार रही है। उसके नीरव होठों पर आँखों की भाषा साफ झलक रही है। वह मानो मन-ही-मन कह रही हो, "आह, मेरे लिए कुछ कर पाने में असमर्थ, फिर भी दुःख से टूट रहे इस आदमी पर मैं कितनी दया कर रही हूँ!'

ओंकार ने धीमे और कोमल स्वर में इतना ही कहा, "मैं फिर आऊँगा स्वाहा, जब तक यहाँ हूँ, अक्सर आऊँगा।"

स्वाहा ने दृढ़ स्वर में कहा, "लेकिन एक अनुरोध है..."

"...रखूँगा, ज़रूर रखूँगा। कहो, तुम्हारे लिए क्या कर सकता हूँ?" ओंकार ने बेचैनी से पूछा। इस असहाय पंगु लड़की के लिए वह यदि कुछ कर सकता है तो कम-से-कम कुछ तो आत्मसन्तोष मिलेगा!

स्वाहा ने शीतल-गम्भीर स्वर में कहा, "मुझ पर कभी दया मत करना। दस साल से दूसरों की निरर्थक दया पाते-पाते मैं दयाशील लोगों से खिन्न हो

उठी हूँ। जिनके पास प्रतिकार का कोई उपाय नहीं, उनमें दया करने का अधिकार कहाँ से आया? ईश्वर ही सभी रोगों के निदान हैं, इसलिए वे दयाशील हैं। मनुष्य ईश्वर नहीं है। अपने भविष्य के बारे में मनुष्य जब कुछ नहीं जानता, वह दूसरे की असहायता को देख क्यों 'आह', 'आह' कहे? मैं भी दस साल की उम्र में अकर्मण्य और विकलांग लोगों को देख कुछ कम दया नहीं करती थी। उस समय क्या मैं जानती थी कि मेरी सारी दया मेरे ही पास लौट आएगी, जिसके लिए सिर्फ दो साल बाकी हैं।"

ओंकार ने सिर झुकाते हुए कहा, "तुम दया की पात्र नहीं हो और न मैं दया करने योग्य, इस बात को मैं समझ चुका हूँ। आऊँगा दया करने नहीं—मौसा और मौसी को देखने, तुम्हें देखने। स्नेह का मेरा इतना अधिकार कम-से-कम मौसी पर तो है।"

ओंकार चुपचाप घर के फाटक को पार करते हुए बाहर आ गया।

झरोखा खुलते ही आकांक्षित आकाश पास आने लगता है। स्वाहा निकल नहीं सकती, इसलिए आकाश का एक टुकड़ा झरोखे से होते हुए घर में घुस आता है। आकाश उदार है, आकाश विशाल। वर्षा, बिजली, हवा, धूप, सूरज, चाँदनी, चाँद, तारे सभी आकाश के निर्देश से स्वाहा से कुशल-क्षेम पूछ जाते हैं वर्षों से। मनुष्य प्रकृति की सन्तान है, फिर भी प्रकृति मनुष्य से भिन्न और उदार है। आजकल कोई नाते-रिश्तेदार स्वाहा से कुशल-क्षेम पूछने आते नहीं हैं, क्योंकि सभी अपने-अपने काम में व्यस्त हैं। केवल कार्य-व्यस्त नहीं है तो स्वाहा। वह पंगु है, वह विकलांग है। लेकिन प्रकृति नियमित रूप से हर दिन स्वाहा से कुशल-क्षेम पूछ लिया करती है। प्रकृति के सभी नियमों के अन्तर्गत स्वाहा से कुशल-क्षेम पूछना भी एक नियम बन चुका है। इनसान बदल चुके हैं, दूर जा चुके हैं। प्रकृति बदली नहीं है, दूर नहीं गयी है।

सुबह होते ही झरोखे से होते हुए सूरज की कोमल किरणें ऊष्मा भरे नम्र, मधुर स्पर्श से स्वाहा का स्पर्श लेती हैं। बाग में भोर के खिले हुए फूलों की खुशबू फैल जाती है स्वाहा के बिछौने पर। पंछियों के कलरव से स्वाहा की एकान्त कोठरी में गूँज उठती है मधुर स्वर लहरी। हवा दिन भर झरोखे से होते हुए घर के भीतर-बाहर अठखेलियाँ करती रहती है। पेड़-पौधे स्वाहा के मनोरंजन के लिए मानो अविरल नृत्यरत हों। पिछले दस वर्षों से प्रकृति को सहेली बनाकर जी रही

है स्वाहा। वर्षों से निरन्तर विविध ऋतुओं में प्रकृति ने विविध रूप धर कर स्वागत किया है स्वाहा का। स्वाहा ने समझ लिया कि प्रकृति से मित्रता हो तो मनुष्य कभी निस्संग नहीं होता।

झरोखे से सटा हुआ है स्वाहा का बिछौना। हाथ बढ़ाकर स्वाहा झरोखा खोलती है, बन्द करती है, अपनी इच्छा के मुताबिक। स्वाहा के लिए संसार का प्रवेश पथ यह झरोखा ही है। झरोखे के किनारे, बाग में फूलों के कुछ पौधे लापरवाही से बढ़ आए हैं झरोखे को पार करके स्वाहा के बिछौने तक। शायद श्यामल बाबू जान-बूझकर पौधों की देख-भाल नहीं कर रहे हैं। स्वाहा यदि बाग में जा नहीं पा रही है, तो बाग स्वाहा के पास आए—शायद यही इच्छा है श्यामल बाबू की। बगीचे के फूल स्वाहा के झरोखे से होते हुए घर के अन्दर खिलते हैं, खुशबू बिखेरते हैं और बिखर जाते हैं। स्वाहा खुश होती है। कभी-कभार कोई सयानी तितली फूलों की खुशबू की तलाश में घर के अन्दर उझकने लगती है, उड़ जाती है। कभी-कभी स्वाहा की इच्छा होती कि बचपन की तरह हाथ बढ़ाकर तितली पकड़े, उससे खेले, तितली के पीछे-पीछे भागते समय पिछड़ जाने से असहिष्णु हो तितली के सुन्दर चित्रित पंखों को उखाड़ने का मजा ले। पंखविहीन तितली को बाहर फेंक कर तालियाँ ठोंकते हुए कहे—"बहुत खूब, कितना उड़ना है उड़। अब मेरे साथ दौड़ तो सही!" बचपन में स्वाहा के लिए तितली के साथ भागने की होड़ में जीतने का यही सरल उपाय था। आज उड़ती हुई तितली के पंखों को एकटक निहार रही स्वाहा को लगता है, जैसे तितली कह रही हो, "मेरे संग दौड़ सकती है?" स्वाहा मन-ही-मन कहती, "अब उड़ने दो बेचारी तितली को।" बचपन में तितलियों के पंख उखाड़ने का फल शायद वह भुगत रही है। मन-ही-मन पछताती वह। तितली के पंख उखाड़ने के लिए हाथ नहीं बढ़ते—क्योंकि पंगु होकर पड़े रहने के दुःख को वह अब समझ रही है।

बारिश तेज हो तो स्वाहा खुश होती है। क्योंकि बौछारें झरोखे से होते हुए स्वाहा के तमाम बदन पर फैल जाती हैं। स्वाहा को लगता जैसे वह पहले की तरह वर्षा में भीगते हुए स्कूल से लौट रही हो, बाग में फुदक रही हो। हाथ फैलाकर स्वाहा बारिश की बूँदों को अनमोल रत्न की तरह मुट्ठी में पकड़ने की कोशिश करती है।

झरोखे के उस पार कम ऊँचाई वाली दीवार। दीवार से लगी हुई है सड़क। सड़क के उस पार छोटी-छोटी दुकानें, नए-नए बने सुन्दर मकान।

स्वाहा ऑपरेशन के बाद जब नर्सिंग होम में रह रही थी, उस समय उसके

स्कूल की सहेलियाँ उसे देखने नर्सिंग होम जाती थीं। साथ में गुलदस्ता, चाकलेट, किस्से-कहानियों की किताबें और छोटे-छोटे उपहार ले जाती थीं उसके लिए। कभी-कभार स्कूल के शिक्षक और शिक्षिकाएँ भी जाते थे। स्वाहा के शीघ्र स्वस्थ होने की कामना करते थे। यह तसल्ली भी दिलाते थे कि आठवीं कक्षा की वार्षिक परीक्षा से पहले स्वाहा ज़रूर ठीक हो जाएगी और स्कूल जा सकेगी। बारह साल की किशोरी स्वाहा को उस समय बीमारी के भयंकर नतीजे का बिल्कुल अन्दाजा नहीं था। उलटा उसे खूब मजा आता था। अस्पताल के बेड पर लेटे-लेटे दोस्तों से मिलने, उपहार प्राप्त करने तथा श्रद्धा, स्नेह, कोमल व्यवहार और आन्तरिक शुभेच्छाओं के कारण खुद को ऐश्वर्यमयी मानने लगी थी स्वाहा। हर दिन उसे त्यौहार जैसा लगता था। रोज़ कितने डाक्टर, कितनी नर्स, नाते-रिश्तेदार, साथी-सहेली, शिक्षक सिर्फ उसके लिए, खास उसके लिए अस्पताल आते, बेचैन होते, उसके पास समय गुजारते, उसके बारे में सोचते, विचार-विमर्श करते। स्वाहा सोचती कि उसकी जिन्दगी कितनी कीमती है! उसके बारे में सभी कितना सोचते हैं!

अस्पताल में उसे अकेलेपन का बोध बिल्कुल नहीं होता था। सुबह से शाम तक बना रहता था महोत्सव-सा कोलाहल। श्यामल बाबू उस समय नौकरी और क्षमता के शिखर पर थे। देख-भाल, चहल-पहल, शुभेच्छा और उपहारों की झड़ी-सी लगी रहती थी नर्सिंग होम की कोठरी में। कई किस्म की जाँच-परख और बहस चलती थी उस पर।

कमर और रीढ़ की हड्डी में दर्द, दर्द के बाद रीढ़ की हड्डी में कुशल डाक्टर के द्वारा छोटा-सा ऑपरेशन और ऑपरेशन के फौरन बाद स्वाहा की कमर से पाँव तक सुन्न पड़ गए थे। यह इतना गम्भीर है, इस बात को समझना बारह साल की स्वाहा के लिए कठिन था। माँ-बाप के तनाव, चिन्ता और अन्तर्वेदना को रत्ती-भर भी समझ नहीं पाती थी स्वाहा। कोमलता-भरी सहानुभूति और ममता-भरी देख-रेख के बीच स्वाहा के दिन बीत जाते थे। स्वाहा को लगता था कि उसकी सहेलियाँ शायद उससे ईर्ष्या करती होंगी। हालाँकि स्कूल के प्राइज-डे में शामिल न हो पाने के कारण अपने बारे में पहली बार शंका और संशय पनपने लगे थे उसके मन में। पहली बार उसे अस्पताल में पड़ा रहना अखरने लगा था। प्राइज-डे के अगले दिन प्रधानाध्यापक स्वाहा के पास पहुँचे थे। अच्छे आचरण, परिच्छन्नता, स्फूर्ति तथा दूसरों के लिए स्वैच्छिक सेवा मनोभाव के लिए उस साल स्वाहा को पुरस्कार मिला था। खुद अस्पताल जाकर पुरस्कार को स्वाहा के हाथों में अर्पण किया था प्रधानाध्यापक ने। वाष्पाकुल स्वर में कहा था, "भगवान तेरे

सहायक हों।" पहले की तरह उन्होंने यह नहीं कहा था, "शीघ्र स्वस्थ हो जाओ।" स्वाहा ने पहली बार चिन्तित होकर अपने बारे में सवाल किया था, "सर; क्या मैं अब चल-फिर नहीं सकूँगी? स्कूल जा नहीं सकूँगी?"

"भगवान सब कुछ ठीक कर देंगे"—इतना कहकर प्रधानाध्यापक लौट गए थे। स्वाहा को लग रहा था कि उसके सवाल को टाल दिया है सर ने। बार-बार उसी सवाल को दोहराया था माँ, बाप और डॉक्टर के सामने। सब का वही एक ही उत्तर, "हर तरह से कोशिश की जा रही है, इलाज चल रहा है। घबराने की कोई बात नहीं है।" यह उत्तर स्वाहा के संदेह को दूर करने के लिए पर्याप्त नहीं था। स्वाहा को लग रहा था जैसे उसकी कमर से लेकर पैर तक का हिस्सा गायब हो गया हो। दो गतिशील हाथ और एक गतिहीन धड़ को लिए पड़ी हुई थी अस्पताल के बेड पर। धीरे-धीरे उसके यहाँ से भीड़ कम होने लगी थी। शुभेच्छाओं के साथ उपहारों का ढेर पहले की तरह लगता नहीं था। कुंठित शुभेच्छा के साथ बिना उपहार के एकाध आ जाते, कार्यव्यस्तता के दबाव से टूटने का बहाना बनाकर बहुत शीघ्र लौट जाते।

ठीक उस समय अस्पताल में स्वाहा को एक सहेली मिल गयी। हमउम्र की एक लड़की क्षणिका। वह भी आकर रहने लगी स्वाहा की बगल वाली कोठरी में। काफी सुन्दर है क्षणिका। मक्खन की तरह हैं हथेलियाँ, गाल और शरीर। गुलाब के फूल की तरह देह का रंग। दोनों नयन हल्के नीले, निर्मल ताल में नीले मार्बल के दो टुकड़ों की तरह चमचमाते हुए। होंठों में सारे संसार की मुस्कान समाई हुई है।

नर्सिंग होम के बरामदे में फुदकती रहती, सभी की कोठरियों में चक्कर लगाती फिरती। आने के अगले दिन ही सभी से दोस्ती जम गयी। उस लड़की की बीमारी क्या है, जान नहीं पाती है स्वाहा। बीमार होने का कोई लक्षण नहीं है। स्वाहा की कोठरी में पहुँच कर पहली मुलाकात में ही खिल उठी। उत्साह और आनन्द भरी आवाज में कहा, "काफी अच्छा हुआ तुम यहाँ हो। मुझे एक सहेली मिल गयी। यहाँ सब उम्र में बड़े हैं—कोई पिता जी की तरह, कोई दादाजी की तरह। सिर्फ बूढ़े यदि बीमार हों तब अस्पताल में हमारी तरह एकाध बच्चे किससे दोस्ती करें? अच्छा हुआ कि तुम भी एक मरीज हो।"

"तुम कितने दिन रहोगी?" पूछा क्षणिका ने।

"कुछ तय नहीं है।" उत्तर दिया स्वाहा ने।

"बहुत अच्छा हुआ। मैं भी कितने दिनों तक रहूँगी डाक्टर लोग बता नहीं

पा रहे हैं,'' कहा क्षणिका ने।

स्वाहा ने पूछा, ''तुम्हें क्या हुआ है?''

''कोई एक बीमारी। कभी-कभी कमजोरी महसूस होती है। बदन तपने लगता है। बस इतनी-सी बात के लिए अस्पताल ले आए हैं। माँ-बाप बड़े डरपोक होते हैं,'' मुस्करा उठी क्षणिका। पूछा, ''तुम्हें क्या हुआ है?''

स्वाहा ने कहा, ''ऑपरेशन के बाद दोनों पैर काम नहीं कर रहे हैं। डाक्टर लोग मुझे यहाँ रोककर काफी जाँच-पड़ताल कर रहे हैं। पहले-पहल व्हीलचेयर में बैठकर नर्सिंग होम के बरामदे में घूमते-फिरते समय बड़ा मजा आता था। लगता था जैसे सर्कस का कोई खेल दिखा रही होऊँ। स्कूल के दोस्त भी रोज़ आया करते थे। अब इम्तहान आ चुका है, इसलिए कोई नहीं आ रहा है। बहुत ऊब रही हूँ बिस्तर पर लेटे-लेटे। अच्छा हुआ तुम आ गयी।''

क्षणिका ने तनिक उदास होकर कहा, ''तब तो मेरी बीमारी से तुम्हारी बीमारी गम्भीर है। मुझे तो लगता है कि मुझे कोई बीमारी है नहीं। लेकिन चल न पाना मुश्किल बात है! तुम कब तक चल-फिर पाओगी?'

''यह नहीं जानती।''

''लेकिन चल तो पाओगी न किसी दिन?''

''हाँ; क्यों नहीं चल पाऊँगी? बिना चले-फिरे क्या कोई हमेशा बीमार पड़ा रहता है,'' स्वाहा ने उत्साहित होकर कहा। वह बिल्कुल चल-फिर नहीं पाएगी, यह बात अब तक किसी ने नहीं बतायी है। सभी कह रहे हैं, ''कोशिश चल रही है। समय लगेगा। परेशान होने से क्या फायदा?'' अब स्वाहा परेशान नहीं होती है। अब तो क्षणिका जैसी खुश-मिजाज वाली एक लड़की सहेली के नाते मिल चुकी है, फिर क्या चिन्ता?

क्षणिका ने कहा, ''तुम्हारी बगल वाली कोठरी में हम रह रहे हैं। व्हीलचेयर में बैठकर तुम भी हमारी कोठरी में आना। मैं भी रोज़ तुम्हारे पास आऊँगी। बिस्तर पर लेटे रहने के लिए डाक्टर ने मुझे कहा है। लेकिन मैं लेटी हुई रह नहीं सकती। तुम चलने लायक होते ही क्या अस्पताल से चली जाओगी?''

''हाँ, फिर क्यों रहूँगी? मेरी पढ़ाई बन्द है। इस साल परीक्षा दे नहीं पायी। एक साल पिछड़ गयी।'' स्वाहा ने दुःख भरी आवाज में कहा।

क्षणिका ने कहा, ''देखो, मेरे चले जाने के बाद ही तुम अस्पताल छोड़ना। नहीं तो मैं यहाँ बिल्कुल ऊब जाऊँगी। मुझे लगता है कि तुम से पहले मैं अस्पताल छोड़ूँगी। मेरी जो बीमारी है, उसमें इतने दिनों तक यहाँ रहने की नौबत नहीं

आएगी। मैं तुम से पहले ज़रूर चली जाऊँगी। लेकिन मेरे जाने से पहले तुम यदि चल-फिर सको, तो मुझे बेहद खुशी होगी। मिलकर सभी वार्डों में घूमेंगे। जब तुम देखोगी कि यहाँ कितने किस्म के मरीज रह रहे हैं, तो दंग रह जाओगी। मरीजों को देखने के बाद मैंने तय किया है कि बड़ी होकर डॉक्टर बनूँगी। लोगों के रोग और कष्टों को दूर करूँगी।...तुम क्या बनना चाहती हो?''

स्वाहा ने अपने स्वर को लम्बा खींचते हुए कहा, ''बड़ी होकर मैं एक ऐसी नौकरी करना चाहूँगी जिसमें रोज़ खूब रास्ता चलना होगा। अपने पैरों से चलने जैसा सुख और किसी में नहीं है। इतने दिनों तक पड़ी रहने के बाद मेरी समझ में यह बात आ गयी है।''

क्षणिका ने विस्फारित नयनों से पूछा, ''तुम कितने दिनों से यहाँ पड़ी हुई हो?''

''साल भर हो गया,'' स्वाहा ने कहा।

''अस्पताल में इतने दिनों तक पड़ा रहना होता है? लेकिन मैं यहाँ इतने दिनों तक नहीं रहूँगी। आज डाक्टर साहब आ जाएँ, तो यह बात बता दूँगी। जितनी जल्दी हो सके मुझे छुट्टी दे दीजिए...''

सचमुच बहुत जल्दी छुट्टी मिल गयी क्षणिका को। क्षणप्रभा की तरह अस्पताल में हँसी-खुशी की बिजली चमकाते हुए वह चली गयी, छिप गयी। अपनी बात को उसने निभाया। स्वाहा भी अपना वादा निभाते हुए क्षणिका के विदा होने तक अस्पताल में पड़ी रही। क्षणिका के चले जाने के बाद भी कई दिनों तक अस्पताल में पड़े रहने के लिए विवश थी। क्षणिका कुछ दिन और ठहर गयी होती, तो स्वाहा का समय आराम से बीत गया होता। अस्पताल में क्षणिका के साथ कुछ दिनों की वह दोस्ती अब भी मन के अँधेरे में तहखाने में स्मृति का माणिक्य बनकर चमक रही है।

क्षणिका एक माणिक्य थी। समूचे अस्पताल में दुःख और यातनाओं के बादल की गोद में बिजली बनकर वह चमक रही थी। कुछ ही दिनों में उम्र के फासले को पार करते हुए वह सब की अंतरंग बन गयी थी। आँखों के ऑपरेशन के बाद बैंडिज बँधे, अंधे की तरह बैठे हुए आदमी का हाथ पकड़ कर वह अस्पताल के बरामदे में पैदल ही स्वाहा के पास ले जाती। कहती, ''तुम्हारी आँखें हैं, फिर भी बाहर जाकर आकाश की छवि तुम देख नहीं सकते। अमीर भाई के पैर हैं, वह चल-फिर पाता है, फिर भी उसके सामने सिर्फ अँधेरा है। दोनों ही खूब कष्टदायक हैं। बीमारी हुई होगी, अस्पताल में होंगे। फिर भी सब कुछ कर पाते

होंगे, तो ऐसी बीमारी बल्कि ठीक है, जैसी मेरी बीमारी है। कभी-कभी इच्छा होती है कि अपनी एक आँख अमीर भाई को दे दूँ, एक पैर तुम्हें दे दूँ। सभी मिल-जुल कर घूमेंगे। पूरी दुनिया को देखेंगे। लेकिन माँ और पिताजी ऐसा करने नहीं देंगे। मेरे सिर के बाल आजकल खूब झड़ रहे हैं। इसके लिए माँ क्या कम चिन्तित है? बच्चों के शरीर के किसी अनावश्यक अंश को भी छोड़ने के लिए माँ-बाप तैयार नहीं होते। फिर भी, इस अस्पताल के कितने छोटे शिशु रोज़ जान गँवाते हैं। कितना दुःख होता होगा उनके माँ-बाप को!''

क्षणिका अनर्गल गप लड़ाती। बात शुरू हो जाए तो खत्म होने का नाम ही नहीं।

पिताजी के साथ कभी-कभी बाजार चली जाती है क्षणिका। स्वाहा के लिए कई उपहार ले आती है। स्वाहा कभी-कभी ईर्ष्या करते हुए सोचती, ''क्षणिका की बीमारी कितनी अच्छी है। बीमारी हुई है, फिर भी किसी के जानने का सवाल नहीं उठता। कैसी बीमारी है क्षणिका की?''

एक दिन माँ से स्वाहा ने पूछ लिया। माँ ने आँखें छलछलाते हुए कहा, ''भगवान को ही पता है कि इतनी सुन्दर बच्ची को असल में कौन-सी बीमारी हुई है। हर हफ्ते उसके शरीर में खून चढ़ाया जाता है। रोज़ सुई लगाई जाती है, सुबह और शाम। कभी-कभी बेचारी को खूब तकलीफ होती है। दिन-प्रतिदिन चेहरा रक्तहीन लगने लगता है।'' माँ ने उसाँस भरी। स्वाहा भी क्षणिका के लिए तनिक चिन्तित हो उठी।

क्षणिका की हालत दिन-प्रतिदिन बिगड़ती जा रही थी। पहले की तुलना में कम दिनों के अन्तराल में खून चढ़ाया जाता था। फिर भी उसकी कमजोरी और रक्तहीनता बढ़ती जा रही थी। क्षणिका पहले से कम घूमती-फिरती थी। खुद बिस्तर पर पड़ी हुई है, इससे स्वाहा को जितनी तकलीफ होती थी, उससे कहीं ज़्यादा दुःख होता था यह जानकर कि क्षणिका की तरह एक तड़ित-लता बिस्तर पर पड़ी हुई है!

क्षणिका बहुत कम आती थी स्वाहा के पास। उस दिन स्वाहा ने पूछा, ''कितनी कमजोर लग रही हो, डाक्टर कुछ कर नहीं पा रहे हैं?''

क्षणिका ने कहा, ''उनका दोष नहीं है। कभी-कभी मेरे लिए सही समय पर खून नहीं मिलता है। इतना खून आएगा भी कहाँ से ? कोल्ड ड्रिंक की तरह खून थोड़े ही फैक्ट्री में बनता है कि जब चाहो पैसा फेंकते ही मिल जाएगा? कभी-कभी ब्लड-बैंक में मेरे शरीर के लिए खून का स्टॉक नहीं होता है।''

स्वाहा भौंचक हो क्षणिका को निरखने लगी। उम्र में स्वाहा से साल-दो साल छोटी हो सकती है क्षणिका। फिर भी, बातचीत करती है उसकी टीचर की तरह। डाक्टर साहब और माँ-बाप से जो बातें सुनी हैं, उन्हें ही निश्छल भाव से स्वाहा के सामने व्यक्त कर दिया है उसने। अहा, इस बच्ची के लिए खून की भी कमी पड़ रही है अस्पताल में?

स्वाहा ने खूब आग्रह के साथ कहा, "खून की कमी पड़े तो मेरे शरीर से खून क्यों नहीं लेते हो? मेरे शरीर का खून आजकल किसी काम में नहीं आ रहा है! फलों का रस, टॉनिक, पनीर, दूध आदि खाकर मैं सिर्फ लेटी रहती हूँ और दिन-प्रतिदिन मोटी होती जा रही हूँ। मेरे शरीर का खून तुम्हारे काम आएगा तो मुझे काफी खुशी होगी।"

स्वाहा के निश्छल आग्रह को देख क्षणिका का चेहरा पल-भर के लिए चमक उठा। अगले ही क्षण नटखट-सी हँसी हँसते हुए उसने कहा, "खून लेने के लिए खूब मोटी सूई से तुम्हारे शरीर के कई स्थानों को डाक्टर फोड़ डालेंगे। इतना कष्ट झेल पाओगी? तुम्हें तो इंजेक्शन लेने में बड़ा डर लगता है। उस दिन मैंने देखा है कि इंजेक्शन लेते समय तुम शोर मचाते हुए रो रही थी।" बात के अन्त में मुस्करा उठी क्षणिका।

स्वाहा का चेहरा पीड़ा की कल्पना से पल-भर के लिए पीला पड़ गया। दूसरे ही पल गहरी सहानुभूति भरे स्वर में कहा, "जितनी पीड़ा क्यों न हो तुम्हारे लिए सहूँगी। तुम भी कुछ कम पीड़ा झेल नहीं रही हो। खून चढ़ाते समय तुम्हें भी खूब पीड़ा होती ही होगी!" क्षणिका ने उदास होकर कहा, "मेरी बीमारी का वही तो इलाज है। डाक्टर साहब कह रहे थे कि बीच-बीच में खून चढ़ाने के अलावा कोई दूसरा चारा नहीं है। मैंने सुन लिया है। माँ और पिताजी इसलिए परेशान हैं।"

"कैसी अजीब बीमारी है तुम्हारी! इस तरह क्या जीवन-भर तुम्हें खून लेना पड़ेगा?" स्वाहा विस्मय-विस्फारित नयनों से क्षणिका को देख रही थी। क्षणिका ने तनिक मुस्कराते हुए कहा, "यहाँ क्या अजीब नहीं है बताओ? तुम भले ही मेरे बारे में सोच रही हो, लेकिन मैं सोच रही हूँ तुम्हारे बारे में, उस अंधे अमीर भाई के बारे में और उस आदमी के बारे में जिसका हाथ कट गया है। तुम क्या जीवन-भर चल नहीं पाओगी? वह अंधा आदमी क्या जीवन-भर देख नहीं पाएगा? फिर तो मैं काफी अच्छी हूँ। खून ले रही हूँ, फुदकती हूँ, खेलती हूँ। काश, मुझे तुम्हारी बीमारी हुई होती, और तुम्हें मेरी बीमारी हुई होती। तुम घूमती, खेलती

और नाचती। तुम खूब सुन्दर नाचती हो न?"

क्षणिका अपना दुःख भूल कर इतने सारे लोगों के दुःख-दर्द के बारे में सोचती है, यह जानते ही स्वाहा उसके और करीब हो जाती है। जिसका हृदय इस तरह का हो, बड़े होने के बाद वह ज़रूर दूसरों की खूब भलाई करेगी। स्वाहा अनुरोध-भरे स्वर में कहती, "देखो, मेरा खून तुम्हें लेना ही होगा—नहीं तो मुझे बहुत बुरा लगेगा।"

क्षणिका ने गम्भीर होकर कहा, "डाक्टर साहब से कहूँगी। तुम्हारे खून की जाँच के बाद ही पता चलेगा कि मेरे शरीर में तुम्हारा खून चढ़ाया जा सकता है या नहीं। सब का खून सब के शरीर में चढ़ाया नहीं जाता। मेरी माँ का खून मेरे खून से मेल नहीं खाता है। कितनी आश्चर्य की बात है!"

यह बात सुनकर स्वाहा भी पल-भर के लिए अचरज में पड़ गयी। कहा, "मुझे विश्वास है कि तुम्हारा खून मेरे खून से ज़रूर मेल खाएगा। तुम्हारे मन से मेरा मन जब इतना मिलता है, तब खून अनमेल क्यों होगा?"

क्षणिका हँसते-हँसते लोट-पोट हो गयी। कहा, "तुम्हें संसार के बारे में कुछ नहीं पता। मन के साथ देह का सम्पर्क बहुत कम है। मेरी माँ मुझे खूब प्यार करती है, मेरे लिए जान दे सकती है। फिर भी खून दे नहीं पा रही है। इसलिए वह कभी-कभी रो पड़ती है।

संसार की गहन-गम्भीर जटिलता से काफी ऊपर, निष्पाप कमल की एक खिली हुई कली की तरह स्वाहा का कोमल, निर्मल मन पल-भर में उदास हो गया। फिर भी वह इन्तज़ार में थी—ऐसा एक दिन आएगा, जिस दिन इसके शरीर का खून ज़रूर क्षणिका के काम आएगा और क्षणिका उतना ही खून पाकर हमेशा के लिए स्वस्थ और निरोग हो जाएगी। अस्पताल से छूटकर इस रोग की यातनाओं से मुक्त हो जाएगी।

लेकिन इतनी जल्दी क्षणिका अस्पताल से विदा ले लेगी और बीमारी की यातनाओं से मुक्त हो जाएगी, इस बात की कल्पना स्वाहा ने कभी की नहीं थी।

उस दिन ज़िद करके पिता के साथ सिनेमा चली गई क्षणिका। लौटकर सिनेमा की कहानी स्वाहा को सुनाने लगी। कहानी सुनाते समय वह स्वाहा के लिए दुःख प्रकट करती थी। कहती थी, "तुम यदि मेरे साथ सिनेमा देखने गयी होती, तो सिनेमा की कहानी मुझे और अच्छी लगी होती। वास्तव में इस तरह पड़े-पड़े जीना बहुत कठिन है। जीना हो तो जीने की तरह जीना चाहिए—न जीना हो तो नहीं—लेकिन इस तरह जीने से क्या लाभ? आज सिनेमाहॉल में फिर एक

बार सोचा, अच्छा होता कि मेरी बीमारी तुम्हें हुई होती—तुम्हारी बीमारी मुझे हुई होती। तुम बेचारी कितनी दुःखी हो!"

स्वाहा की माँ ने क्षणिका की बातें सुनकर झुँझलाते हुए खीज-भरी आवाज में कहा, "तुम्हारी बीमारी स्वाहा को न हो—स्वाहा की बीमारी किसी और को न हो। ईश्वर के विचारों पर मनुष्य इतना क्यों सोचे? जाओ, आराम करो, तुम काफी थकी हुई लग रही हो।"

क्षणिका ने थके-माँदे स्वर में कहा, "मैं काफी थकावट महसूस कर रही हूँ। जा रही हूँ, सोऊँगी। कल मेरी खून लेने की बारी है। अब नहीं आऊँगी। स्वाहा! तुम मेरे पास आना—मैं इन्तज़ार करूँगी।" वह चली गयी, फिर नहीं आयी। वह सो गई, फिर नहीं जागी।

शाम को क्षणिका की कोठरी से रोने की आवाज व्यापने लगी। स्वाहा के पिता उस कोठरी की तरफ जाकर लौट आए और कहा, "क्षणिका की तबीयत बहुत बिगड़ गयी है। डाक्टर जी-जान से उसे बचाने की कोशिश में लगे हुए हैं।"

श्यामल बाबू का गला रुँध आया। चिहुँक उठी स्वाहा। क्षणिका ऐसी कौन-सी बीमारी झेल रही थी, जिसमें जीने और मरने का सवाल उठे! उसकी इच्छा हुई कि वह क्षणिका की कोठरी की ओर बिजली की तरह भागे। कम-से-कम उसके शरीर का खून क्षणिका को बचाने में यदि सहायक हो, तो वह अपने शरीर का सारा खून बेझिझक दे डालेगी। लेकिन उसका शरीर पंगु हो गया है। चाहते हुए भी वह बिस्तर से उठ नहीं पा रही है। पहली बार स्वाहा ने महसूस किया कि मनुष्य जो चाहे सो कर नहीं सकता। मनुष्य की इच्छाओं के परे एक और अदृश्य शक्ति काम करती है। पहली बार स्वाहा ने इस पंगु जीवन की पीड़ा और विवशता को काफी गहराई से महसूस किया। पहली बार उसकी इच्छा हुई कि काश क्षणिका की बीमारी उसे हुई होती!

व्हील चेयर में बैठा देने के लिए स्वाहा ने माँ से अनुरोध किया। क्षणिका ने कहा था, 'तुम आना, मैं इन्तज़ार करूँगी।' क्षणिका मानो मृत्यु-शैय्या पर लेटे-लेटे उसे बुला रही हो। माँ ने उसे व्हील चेयर में बैठा दिया। माँ और बेटी दोनों क्षणिका की कोठरी में जा पहुँचीं।

क्षणिका बीते कल के श्वेत मंदार की तरह फीकी और रक्तहीन दिखाई पड़ रही थी। पीड़ा के कारण चेहरे की नसें सिकुड़ने लगी थीं। डाक्टर उसके शरीर को जगह-जगह से फोड़कर जाँच-पड़ताल करते हुए खून आदि चढ़ा रहे

थे। उसके सुन्दर शरीर में स्थित अतीव सुन्दर आत्मा-पुष्प को बनाए रखने का अन्तिम प्रयास कर रहे थे। पत्थर की मूरत की तरह खड़े हुए थे क्षणिका के पिताजी और माँ। उसकी मूक व्यथा से पल-पल टूटते जा रहे थे। क्षणिका क्षीण स्वर में कह रही थी, ''डाक्टर साहब! मैं मरना नहीं चाहती–मैं जीना चाहती हूँ। मेरी आँखें हैं, हाथ हैं, पैर हैं, मैं क्यों मरूँ? पिताजी, माँ, साथी और सहेलियों को छोड़कर मैं जाना नहीं चाहती। डाक्टर साहब मैं बच जाऊँगी न?''

डॉक्टर साहब की विवशता शायद क्षणिका की विवशता से बढ़ती जा रही थी। इस सवाल का जवाब किसी भी जमाने में किसी डाक्टर के पास नहीं था। इस सवाल का जवाब इस धरती पर किसी के पास नहीं है।

स्वाहा व्हील चेयर को सरकाते हुए क्षणिका के आमने-सामने हो गयी। व्याकुल हो उत्कंठा के साथ कहने लगी, ''डाक्टर साहब क्षणिका में यदि खून की कमी हो, तो मुझसे खून ले लीजिए। उसे बचा लीजिए।'' स्वाहा रो पड़ी। क्षणिका अधिक निस्तेज हो गयी थी। उसका स्वर और अधिक क्षीण हो गया था। स्वाहा को अपने पास बुला रही थी वह। डाक्टर साहब ने धीमी आवाज में कहा, ''मरीज की अन्तिम इच्छा पूरी कीजिए। अब और कुछ नहीं किया जा सकता है।''

स्वाहा, क्षणिका की सेज के किनारे पहुँच गयी। हाथ बढ़ाकर क्षणिका के कोमल, शीतल, निस्तेज हाथ को थाम लिया। क्षणिका कह रही थी, ''मैं जीना चाहती हूँ। मुझे बचा नहीं सकते?'' क्षणिका पीड़ा के मारे कुम्हलाने लगी और मौत निश्चित है, इसमें कोई सन्देह न रह जाने के कारण फिर निरर्थक जीवन-भिक्षा नहीं की। उसके मुख पर उभरी पीड़ा की सभी रेखाएँ धीरे-धीरे विलीन हो गयीं। करुण-कातर दृष्टि उदास और उदार हो उठी। उसका अनावश्यक दुर्बल शरीर करुणा-भरी विवशता लिए बिस्तर पर पड़ा हुआ था–दृष्टि धीरे-धीरे ऊर्ध्वगामी हो रही थी। स्वाहा रुँधे हुए गले से 'क्षणिका' कह कर उसके बिस्तर पर माथा टेक रोने लगी। क्षणिका पल-भर के लिए लौट आयी धरती पर, स्वाहा के पास। काफी धीमी आवाज में कहा, ''मेरी कविता की कापी तुम ही रखना।'' उसकी आँखें एक बार विस्फारित हो उठीं, फिर मुँद गयीं। शरीर से आत्मा का सम्पर्क छिन्न हो गया। शरीर पीड़ाओं से मुक्त हो गया सदा के लिए। फिर भी...

काफी पहले से कन्याशोक को सहने के लिए तैयार बैठे क्षणिका के धैर्यशाली पिता भी शोक से टूटे जा रहे थे। डॉक्टर साहब ने एक धर्माचार्य की भाँति निर्लिप्त और गम्भीर स्वर में सांत्वना की वाणी सुनाई, ''रक्त-कैंसर की बीमारी में अब तक इससे अधिक दिन किसी को बचाया नहीं जा सका है। आपने अन्त तक

कर्त्तव्य का निर्वाह किया है। ईश्वर की इच्छा के विरुद्ध कोई किसी को रोककर रख नहीं सकता। बल्कि यह सोचकर धीरज रखिए कि वह अधिक यातना न पाकर चली गयी।''

आँखों के सामने मौत को पहली बार किशोरी स्वाहा ने अपने जीवन में देखा। कुछ ही क्षण पहले क्षणिका की हथेली स्वाहा की हथेली में स्पन्दित हो रही थी। अब उसकी हथेली निस्पन्द और स्थिर है।

जीवन एक अदृश्य स्पंदन है—जिसे देखा नहीं जा सकता, नियन्त्रित नहीं किया जा सकता, मन की इच्छा के अनुसार शरीर में रखा नहीं जा सकता—फिर भी वह स्पन्दन मनुष्य के लिए कितना काम्य है, कितना प्रिय है!

क्षणिका ने व्याकुल होकर जीवित रहने की कामना नहीं की, ऐसी बात नहीं है। फिर भी जीवन अपनी इच्छा से क्षणिका के शरीर से विदा ले गया। अस्पताल के बिस्तर पर जो निस्पंद शरीर पड़ा हुआ है, वह क्षणिका के किसी भी काम में नहीं आया—शरीर इतना मूल्यहीन! शरीर से जीवन का मूल्य इतना अधिक!

अचानक स्वाहा के सरल, कोमल मन ने अपने शरीर से माया के सारे बन्धन तोड़ डाले। अपने विकलांग शरीर का दुःख उसके मन को फिर बोझिल नहीं बना सका। वह अनायास ही सूक्ष्मातिसूक्ष्म उस अदृश्य स्पन्दन से प्यार करने लगी। वह जीवित है, इसलिए उसने जीवन का आभार प्रकट किया और उसने अनुभव किया कि उसके शरीर से उस अदृश्य और स्वाधीन जीवन-स्पन्दन के निकल जाने तक उसे जीवन से प्यार करते हुए जीवित रहना चाहिए।

अब भी वह जीवन से प्यार करती है, प्यार करती है अपनी दृष्टि-सीमा के बाहर फैली हुई अदृश्य पृथ्वी से। पृथ्वी का जितना हिस्सा उसके दृष्टि-पथ पर विद्यमान है, उसके रूप से यदि इतनी शान्ति मिलती है, तो पृथ्वी कितनी सुन्दर नहीं हुई होगी! कितनी शान्तिमय नहीं हुई होगी।

नर्सिंग होम में पूरे पाँच साल वह रह गयी एक अनिश्चित आशा में। उस समय श्यामल बाबू को अभाव भी क्या था? क्षमता, धन और मान-मर्यादा के अन्तिम सोपान पर वे आसीन थे। बेहिसाब रुपये उड़ा रहे थे स्वाहा के इलाज के लिए। लेकिन बार-बार डॉक्टर साहब से वसुधा पूछती, ''स्वाहा ठीक हो जाएगी न? यदि यहाँ सुविधा न हो, तो हम उसे विदेश ले जाने को तैयार हैं।'' डॉक्टर साहब मुस्कराते हुए कहते, ''मैं विदेश से पढ़कर आया हूँ। वे इससे ज़्यादा इलाज और कुछ नहीं करेंगे। इस बीमारी का जैसा इलाज होना चाहिए, यहाँ सब कुछ

ठीक वैसा ही चल रहा है। इलाज में समय तो लगेगा ही। धीरज खोने से काम नहीं चलेगा।'' अन्त तक धीरज नहीं खोया था वसुधा ने। लेकिन जिस दिन डॉक्टर साहब ने बता दिया कि उनके बस में इस बीमारी का इलाज नहीं है, उस समय वसुधा धीरज खोकर आँसू बरसाने लगी। शहर के घर-बार बेचकर बेटी के विदेश ले जाने के लिए श्यामल बाबू के पीछे पड़ गयीं। तब तक स्वाहा के भाई और दोनों बहन विदेश में घर-गृहस्थी बसाकर नागरिकता ग्रहण कर चुके थे। दो अमेरिका में और एक कनाडा में। स्वाहा की केस-हिस्टरी और रिपोर्ट वहीं भेजी गयीं। जवाब आया, ''बहुत देर हो चुकी है। काफी पहले विदेश पहुँच गए होते, तो कुछ हुआ होता। अब और किसी भी इलाज से स्वाहा का भाग्य बदल नहीं सकता। स्वाहा जितने दिनों तक जीवित रहेगी इस अचल शरीर के लिए जीवित रहेगी।''

उस दिन इस आखिरी बात का असर स्वाहा पर बहुत ज़्यादा नहीं पड़ा था। अस्पताल में बिताए हुए पाँच साल के भीतर स्वाहा को पता लग गया था कि शरीर सभी दुःखों का कारण है और इस संसार में अनगिनत लोग शरीर की पीड़ाओं को झेलते हुए जीते हैं और जीवन की सहज धारा में शरीर की पीड़ा को मिलाते हुए अनन्त काल तक जीवित रहने की कामना करते हैं।

शरीर और जीवन एक ही बात नहीं है। शरीर का अनादर करते हुए जीवन बिताया जा सकता है; लेकिन जीवन का अनादर करते हुए शरीर धारण करना संभव नहीं है।

नर्सिंग होम में पाँच साल तक स्वाहा ने जीवन का अन्वेषण किया है। जीवन के रहस्य को उजागर करने का प्रयास किया है। जीवन के तात्पर्य को समझने की चेष्टा की है। इसलिए ढेर सारे ग्रन्थ पढ़े। ग्रन्थ पर ग्रन्थ खत्म करती गयी अस्पताल के बिस्तर पर लेटे-लेटे। क्षणिका की मौत के बाद अस्पताल में स्वाहा को फिर कोई सहेली नहीं मिली। किताबें ही स्वाहा की सहेली थीं। इसलिए उम्र की तुलना में स्वाहा की चिन्तनधारा, उसकी सहनशीलता अधिक परिपक्व हो गयीं।

झरोखे से पृथ्वी का जितना हिस्सा उसे दिखाई पड़ता था, उस पर अधिक परिपक्व, अधिक मार्जित, उन्नत दृष्टिकोण के साथ चिन्तन करती थी स्वाहा।

नर्सिंग होम से मुक्त होकर लौटने के बाद पहले दिन उसकी आशा थी कि झरोखे से अपने स्कूल के साथी और सहेलियों को देखेगी। स्कूल के समय वह एकटक निहारती रही मुख्य सड़क की ओर। बच्चे स्कूल जा रहे थे। दैनंदिन जीवन का चित्र तनिक भी नहीं बदला था। लेकिन स्वाहा का कोई भी स्कूली

मित्र दिखाई नहीं पड़ रहा था। स्वाहा ने सोचा कि उसकी तरह सभी क्या असाध्य रोगों का शिकार होकर बिस्तर पर पड़े हुए हैं।

अगले ही पल हृदय का एक कोमल हिस्सा व्यथा और आशंका से नम्र हो उठा। मन्द स्वर में उसने प्रार्थना की, "प्रभु, इस संसार को गतिशील बनाओ, जीवन की स्वच्छ मंदाकिनी प्रवाहित होती रहे। प्रवाह के बिना सरोवर का जल पंकिल होता है, दूषित होता है। जीवन को स्वच्छ, निर्मल प्रवाहमान बनाओ प्रभु..."

सरोवर का जल आबद्ध रहता है। फिर भी उसमें कमल खिलता है, कुमुद हँसता है। स्वाहा के पंगु शरीर के सरोवर में आत्मा-कमल हँसता रहता है—सारे संसार के लिए शुभेच्छा की सुरभि फैलाता रहता है।

स्वाहा पूछती, "माँ, मेरा कोई भी साथी स्कूल क्यों नहीं जा रहा है? पहले वे सभी इसी रास्ते से रोज़ स्कूल जाते थे—मैं भी जाती थी उनके साथ। उन्हें क्या हुआ है?"

वसुधा कहती, "वे अब कॉलेज में पढ़ रहे हैं। उनके कॉलेज का समय बदल चुका है। वे सब कुशल हैं, बड़े हो गए हैं..." स्वाहा का सरल मन तब भी स्कूल और बगीचे के भीतर बँधा रह जाता है। लेकिन समय उसकी परवाह किए बिना काफी आगे बढ़ चुका होता है।

कॉलेज में पढ़ने वाले साथी धीरे-धीरे नौकरी करने लगे हैं, घर-गृहस्थी बसाने लगे हैं, बच्चों के माँ-बाप बन चुके हैं और थोड़े दिनों बाद हो सकता है कि झरोखे के उस पार के रास्ते से उनके बच्चे स्कूल जाएँ—जीवन बहता चला जाएगा समय के छन्द, लय, ताल के साथ कदम मिलाते हुए। फिर भी, स्वाहा के पास कुछ स्थिर, निस्पन्द और निर्वाक है। झरोखे से स्वाहा समय के साथ, संसार के साथ सम्पर्क रखने की कोशिश करती है और दूर सरकती हुई पृथ्वी उसके निकट आ जाती है।

पृथ्वी का प्रवेश-पथ, वह झरोखा कितना प्रिय है स्वाहा के लिए! झरोखे के उस पार जीवन का चित्र झिलमिलाता रहता है। हँसोड़े बच्चे स्कूल जाते हैं। स्वाहा के साथ उनकी मित्रता और सद्भावना काफी गहरी है। आते-जाते समय वे झरोखे से तनिक उचककर देखते। आँखों में असीम कौतूहल होता—यह लड़की दिन-रात क्यों सोई रहती है?

स्वाहा एक निर्मल हँसी बिखेर देती। उसकी हँसी का छन्द हृदय को छूता है। मधुर स्वर को लहराते हुए वह बुलाती, "कूनू, बुबू, टिकुन, मिता, मिली, स्कूल जा रहे हो? शैतानी नहीं कर रहे हो न? इम्तहान कब है? चाकलेट लोगे? देखो

एक शर्त है—अच्छे बच्चों की तरह रहना—पढ़ाई करना—अच्छा बर्ताव करना—आलसी नहीं होना। रोज़ चाकलेट दूँगी।"

झरोखे से स्वाहा के अमृत हस्त पृथ्वी को छू लेते... छू लेते अमृतमय शिशु के हृदय को। रास्ते में आते-जाते चपल-चंचल बालकों के पैर थम जाते। झरोखे के पास आकर पूछ लेते, "स्वाहा दीदी, मैं अच्छा लड़का बन रहा हूँ—मेरे लिए क्या रखा है?"

स्वाहा की हँसी में गहरा वात्सल्य घुलने लगता। एक छोटा-सा खिलौना, छोटी-छोटी कुछ तस्वीरें, एक रंगीन पेंसिल, एक चाकलेट बढ़ा देती झरोखे से। समय बह जाता, छोटे बच्चे बड़े हो जाते, स्कूल बदल जाते, रास्ते बदल जाते, मन बदल जाता—लेकिन स्वाहा की पृथ्वी नहीं बदलती। उसका वह पंगु शरीर वैसे ही पड़ा रहता है उसी खाट पर। दवा और इलाज किसी में भी नयापन नहीं है। डॉक्टर साहब की वही घिसी-पिटी आखिरी बात, "और कुछ करना नहीं है।"

लेकिन स्वाहा अपूर्व मानसिक शक्ति की अधिकारिणी है। सभी गतानुगतिकता में वह नयापन ढूँढ निकालती है। रास्ते में जा रहे नए बच्चों की तोतली बोली को वह कान लगाकर सुनती, नए बच्चों के स्कूल जाने के रास्ते को पहले की तरह निहारती रहती। उसके झरोखे के पास नए बच्चों के पैर ठिठक जाते—हँसी फूट पड़ती, आनन्द झरने लगता—जीवन बीतता रहता—बीत जाता।

झरोखे से स्वाहा देखती भिखारियों की टोली को, कोढ़ियों के जलसे को, उस पगली औरत को, अन्धे बूढ़े को, उस हथकटे विकलांग व्यक्ति को। स्वाहा का हृदय पसीज उठता—यह संसार यदि इतना दुःखमय है, तो उसका दुःख कुछ भी नहीं है, उसके माँ-बाप हैं। पिता की धन-दौलत और सामाजिक प्रतिष्ठा भी है। स्वाहा के खाने-पीने, दवा-दारू और सेवा-इलाज में तनिक भी अवहेलना नहीं हो रही है। मगर इस देश में कितनी जिन्दगियाँ अवहेलित होकर इसी सड़क के किनारे झर जाती हैं। ऐसे विकलांग, रोगी और बेघर लोगों की जिम्मेदारी क्या देश की नहीं है? इस देश ने उनकी कौन-सी व्यवस्था की है?

सारे संसार के दुःखों को समेटते समय स्वाहा अपना दुःख भूल जाती। वह सोचती कि वह यदि किसी के लिए कुछ कर पाती—वह यदि दूसरों का दुःख दूर कर पाती, तो उसके जीवन का अर्थ ही बदल जाता। असल में मनुष्य क्या सिर्फ अपने लिए जीवित रहता है? यदि यह सच है, तो स्वाहा किसके लिए जीवित है? अपने लिए? अब उसका अपना बनकर रहा ही क्या? काफी दिनों से शरीर से उसका सारा सम्पर्क छिन्न हो गया है। उसका एक शरीर भी है—इस बात

को वह स्वेच्छा से भूल जाती है। दो हाथ, एक बेदाग चेहरा, तेज दिमाग और एक सजीव हृदय को छोड़कर उसके शरीर का बाकी हिस्सा दिन-प्रतिदिन छीजता रहता है। पाँव, टाँग और शरीर के निचले हिस्से का कुछ भाग हर एक-दो महीने में सड़-गल जाता। तमाम बदन तपने लगता। लगातार उल्टी होती और सीने में दर्द महसूस करती स्वाहा। उस समय वह सोचती कि जो शरीर उसे अब गतिशील नहीं बना सकता, उसे लेकर इतनी पीड़ा वह क्यों भुगतेगी? शरीर से वह मुक्त होना चाहती है—अलग हो जाना चाहती है—लेकिन जीवन को चाहने की कोई सीमा नहीं है।

डॉक्टर बाराची आते। श्रद्धा और करुण भरे स्पर्श के साथ जाँच करते स्वाहा की नब्ज और धड़कन की। आश्चर्यचकित हो सोचते कि यह लड़की वर्षों से जीवित कैसे है? धड़कन की जो गति है, उससे किसी भी क्षण जड़ता आ सकती है। मौत के दरवाजे पर खड़ी है, फिर भी मौत आती नहीं है। इस लड़की के जीने की प्रबल आकांक्षा और मनोबल के आगे मौत जैसे हार मान जाती हो। नश्तर से शरीर के सड़े-गले हिस्से को काटकर निकाल देते डॉक्टर बाराची। इसके लिए शरीर के उस हिस्से को सुन्न बनाने की आवश्यकता नहीं पड़ती या नशा देकर स्वाहा को बेहोश करने की आवश्यकता नहीं पड़ती। स्वाहा के शरीर के निचले हिस्से की स्पर्शानुभूति रह नहीं गयी थी। वह देखती रहती, डॉक्टर उसके शरीर का कुछ हिस्सा हर महीने में काट निकालते। बुखार कम हो जाता। उल्टी बन्द हो जाती। घाव सूख जाता। धीरे-धीरे शरीर का निचला हिस्सा हड्डियों के ढाँचे में तबदील होने लगा था। स्वाहा का उस तरफ ध्यान ही नहीं। बुखार उतर जाने के बाद उसे लगता कि वह स्वस्थ हो गयी है, स्वाभाविक हो गयी है। 'कैसी हो?' पूछने से उन्मुक्त हँसी बिखेरते हुए उत्तर देती 'अच्छी हूँ'। उस 'अच्छी हूँ' का अर्थ क्या है, उस पर सोचते-सोचते हताश हो जाते खुद प्रश्न पूछने वाले। लेकिन स्वाहा शान्त और निर्विकार रहती। अचल शरीर की तरह अविचल है स्वाहा का यह जीवन।

नर्सिंग होम से लौटने के बाद शुरू में वह व्हील चेयर में बैठकर बाग में आती थी। फाटक तक आकर पड़ोस के बच्चों को बुलाकर खेलती थी, बातचीत करती थी। कभी-कभी उसकी इच्छा होती थी कि रास्ते पर जाकर जीवन की धारा में वह खो जाए। लेकिन रास्ते को एकटक निहारते हुए अपने दोनों सुन्न पैरों को पूर्णतः अवज्ञाकारी मानकर अभिशाप देती। अगले ही पल सोचती कि अभागे पैरों को वह और क्या अभिशाप देगी भला!

असीम उदारता से भरा महिमामय है यह रास्ता। मानव, पशु पक्षी, जीव-जन्तु

सभी के पैरों को अपने सीने पर उठाए जगत को गतिशील बनाता है। सृष्टि के प्रारम्भ से लेकर कितने मानव, महामानवों की पद-धूलि से पवित्र हुआ है यह पथ। कभी स्वाहा की पद-धूलि ने इस पथ पर अल्पना सजाते हुए सम्भावनाओं से भरे एक सुन्दर भविष्य के सपने बुने थे। आज पथ है, पैर नहीं है। रास्ते की उदारता कम नहीं हुई है, पर स्वाहा के दोनों पैर कुंठित और निस्पन्द हो गए हैं। जीवन है, छन्द नहीं है। रास्ते को देखते ही स्वाहा अपने भूले हुए-से पैरों को बिसूरने लगती है—बहुत दिनों से सम्पर्क छिन्न किए गए शरीर के प्रति 'आह', 'आह' कहकर सम्वेदना जताती है।

रास्ते को निहारते ही मन मोहग्रस्त हो उठता है, गतिशील होने की अदम्य चाह से हृदय अस्थिर हो उठता है। एक दिन व्हील चेयर को सरकाते हुए गली को पार करके मुख्य सड़क पर आ गयी थी स्वाहा। सोचा, अब रोज़ व्हील चेयर को सरकाते हुए सांध्य-भ्रमण करेगी। डॉक्टर ने भी यही सलाह दी है। इससे मन प्रसन्न रहेगा—बाकी का शरीर सक्रिय बना रहेगा।

सड़क पर आने के बाद स्वाहा ने देखा कि उसे केन्द्र बनाकर जीवन एक स्थिर बिन्दु बन गया है। रास्ते की अबाध गतिशीलता स्तब्ध होकर उसे निहार रही है। उस निगाह में सौहार्द कम, करुणा ज़्यादा है। स्वाहा केवल मात्र करुणा के लायक है!

क्षोभ और ग्लानि के साथ जल्दी-जल्दी व्हील चेयर को सरकाते हुए स्वाहा लौट आयी चारदीवारी से घिरे अपने आश्रय-स्थल की ओर। उसके बाद फिर कभी वह बाहर नहीं निकली है, व्हील चेयर पर नहीं बैठी है। उसकी रीढ़ की हड्डी की गहराई में धनीभूत हो गयी है भरपूर जड़ता। सारे संसार की घृणा को लेकर जीवित रहने में जीवन का एक तीव्र आह्वान है। लेकिन समूचे संसार की करुणा के नीचे दबे रहने में जीवन का कोई आह्वान नहीं है, बल्कि घुटन-भरे क्रोध और असहाय विद्रोह के आगे मौत भी अपनी सारी तीव्रता, सारी चंचलता खो बैठती है। स्वाहा इस तरह जी नहीं सकती। वह अलग तत्वों से बनी है। अनुचित करुणा अभिशाप से भी अधिक भयंकर और असह्य है। चारदीवारी के भीतर स्वाहा ने अपनी एक पृथ्वी बना रखी है। वहाँ वह कर्तृ है—शक्तिमयी है। उसका जीवन सहज और स्वतन्त्र है, यद्यपि शरीर की पीड़ा के कारण अधिकतर समय वह बेहोश पड़ी रहती है। दिन-प्रतिदिन वह एक देहातीत सत्ता बनकर पड़ी रहती है—शरीर नहीं, आत्मा के माध्यम से जीने की कोशिश करती है।

वर्षानुवर्ष शरीर से क्षय होते हुए भी वह आत्मा का दीपक जलाए रखती है।

प्रार्थना

‘‘जिस परिस्थिति को परिवर्तित करने में मनुष्य असमर्थ हो, उसे अकुंठित भाव से जैसे ग्रहण कर सकें, उसके लिए प्रभु हमें स्थिर चित्त प्रदान कीजिए। जिस परिस्थिति का परिवर्तन हमसे सम्भव हो, उसे कार्यान्वित करने का साहस दीजिए और दोनों के अन्तर को जैसे हम समझ सकें, उसके लिए प्रज्ञा प्रदान कीजिए।’’

इसी मर्म को लेकर साफ-सुन्दर अक्षरों में एक प्रार्थना लिखी हुई है। लकड़ी के मोटे चौखटे से उस प्रार्थना को मढ़वा कर स्वाहा की आँखों के सामने, दीवार पर लटका दिया ओंकार ने। कहा, ‘‘मैं जानता हूँ कि यह प्रार्थना तुम्हारे हृदय में लिखी जा चुकी है। फिर भी, तुम्हारे लिए मुझे इतना ही कहना है।’’

स्वाहा ने वही पुरानी मधुर हँसी बिखेर दी। कहा, ‘‘परिस्थिति को स्थिर चित्त से ग्रहण करने के अतिरिक्त मनुष्य के पास और कोई उपाय नहीं है। इतने वर्षों में कम-से-कम इतना मैंने समझ लिया है।’’

सिर्फ इतना ही इस प्रार्थना की मर्म-वाणी नहीं है, ‘‘परिस्थिति का जितना परिवर्तन हमसे सम्भव हो, उतना हम क्यों न करें?’’

स्वाहा निर्विकार लेटी हुए थी। कोई उत्तर नहीं। उसे पता है कि यह सब अर्थहीन है। उसके जीवन की किसी भी परिस्थिति का परिवर्तन अब संभव नहीं है।

ओंकार ने उत्साहित होकर कहा, ‘‘पृथ्वी के सब से आधुनिक अस्पताल में तुम्हें भरती किया जाएगा। इसके बावजूद यदि कुछ नहीं होता है, तो कृत्रिम अंग-रोपण के द्वारा तुम्हारी स्थिति में परिवर्तन लाया जाएगा। मैं यहाँ से लौटते ही अपने विदेशी डॉक्टर बन्धुओं से विचार-विमर्श करूँगा।’’

दरवाजे के पास श्यामल बाबू के लम्बे शरीर की स्थिर परछाँई पसरी हुई है। ओंकार की बातें वे सुन रहे हैं। गम्भीर आवाज में उन्होंने कहा, ‘‘कृपया झूठी तसल्ली देकर इस लड़की को ज़्यादा दुःख मत दो। इसे लेकर सारी कोशिशें खत्म हो चुकी हैं। स्वाहा की बहन कनाडा में है; भाई अमरीका में। मौसा और मौसी स्विट्जरलैंड में हैं, फिर मेरे अन्तरंग डॉक्टर बन्धुओं में से एक इंग्लैंड में है और एक जर्मनी में। स्वाहा की केस हिस्टॅरि सभी के पास है। सभी देशों के डॉक्टरों की एक ही राय है,—अब कुछ किया नहीं जा सकता—काफी देर हो चुकी है। कृत्रिम अंग-रोपण की गुंजाइश ही नहीं है। पक्षाघात अब स्वाहा की कमर

के हिस्से को पार करके अंतड़ियों तक पहुँच चुका है। अब एक ही सम्भावना दिखाई पड़ती है। लगता है कि वह भी समय सापेक्ष है। सिर्फ इन्तज़ार ही करना है।''

''वह सम्भावना क्या है? उसे त्वरान्वित करने का क्या कोई रास्ता नहीं है। उससे यदि स्वाहा के शरीर की पीड़ा दूर होती हो, तो कोशिश करके देखने में हर्ज नहीं है,'' ओंकार ने विश्वासपूर्ण ढंग से कहा। श्यामल बाबू ने उदास होकर कहा, ''स्वाहा के जीवन की एकमात्र भरोसेपूर्ण सम्भावना है मौत। वह भी आसानी से आती कहाँ है? उस सम्भावना को त्वरान्वित करने की चेष्टा करने में मुझे कोई आपत्ति नहीं है। मगर सहायता करता कौन है? कौन समझता है मेरे दुःख को?''

ओंकार को लगा कि जीवन की निष्ठुर यथार्थता की निष्ठुरतम अनुभूति ने श्यामल बाबू को इस तरह कठोर बना दिया है। बेटी के निष्पाप चेहरे को निहारते हुए वे उसकी मृत्यु की कामना कर रहे हैं–और खुलकर अपनी बात बता भी रहे हैं। स्वाहा की स्थिर आँखों में छलछला उठे हैं दो बूँद आँसू। वह आँसू संयमित और संकुचित हो अटक गए हैं आँखों की कोर में।

आँसुओं को अकारण ही बहाने वाली लड़की स्वाहा नहीं है। अपने पिता की कामना को साकार करने में सहायता पहुँचाना उसका कर्त्तव्य है कि नहीं, इस दुविधा में शायद पड़ गयी हो।

ओंकार बेचैनी के कारण छटपटा रहा है। इस तरह की परिस्थिति का सामना करने के लिए वह तैयार नहीं था। उसके पास कोई उत्तर नहीं है। 'कब लौट रहे हो?' श्यामल बाबू ने सवाल किया।

''कुछ तय नहीं किया है। पिताजी की हालत नहीं सुधरेगी तो जाने का सवाल नहीं उठता। फिर भी, इतने दिनों की छुट्टी मिलना भी मुश्किल है। सोच रहा हूँ इस्तीफा दे दूँगा। विदेश में स्थायी रूप से रहने की रुचि मेरी कभी नहीं थी–आज भी नहीं है।'' ओंकार ने शान्त स्वर में उत्तर दिया।

श्यामल बाबू ने उसाँस भरते हुए कहा, ''जब तक हो, समय निकालकर आते रहना। कम-से-कम स्वाहा को अच्छा लगेगा। असल में किसके पास समय है हमें देने के लिए...?''

ओंकार ने बाहर आकर धीरे-से पूछा, ''स्वाहा के बारे में क्या सोच रहे हैं? उसके भविष्य को किसके हाथों में सौंपेंगे? मौसी की सेहत का जो हाल है, वे और कितने दिनों तक स्वाहा की सेवा कर पाएँगी?''

अविचल स्वर में श्यामल बाबू ने कहा, "सिर्फ मौसी नहीं—अब मेरा भी खुद पर भरोसा नहीं रहा। मेरी उम्र सत्तर हो रही है। हम दोनों के बाद स्वाहा का एकमात्र आसरा उसकी बड़ी बहन है। केवल वही बहन उड़ीसा में रहती है। पति इंजीनियर है। मेरी आशा है कि हमारे बाद वही स्वाहा को मृत्यु तक अपने पास रखेगी। हालाँकि तब तक उसका मन यदि नहीं बदला हो...।"

'बात निहायत अनिश्चित है,' ओंकार ने मन-ही-मन सोचा, 'इनकी मृत्यु तक यदि स्वाहा सचमुच जीवित रहती है, तो कौन लेगा उसकी जिम्मेदारी, प्यास लगे तो उठकर एक बूँद पानी पीने की सामर्थ्य उसमें नहीं है। किसी एक को छाया की तरह उसके पास रहना चाहिए, ठीक वसुधा की तरह। स्वाहा की बड़ी बहन क्या वसुधा का स्थान ले सकती हैं?'

वास्तव में स्वाहा की तरह जो पंगु हों, पर अकर्मण्य न हुए हों, ऐसे रोगियों की जिम्मेदारी उठाते हुए, उनकी जीवन-यात्रा को स्वाभाविक बनाने की व्यवस्था करना किसी सामाजिक संस्था का काम है। ऐसी संस्था हमारे देश में कहाँ है?

भावना की कोई दर-दीवार नहीं होती। इसलिए मनुष्य की ढेर सारी महत् योजनाएँ भावना में व्याप्त हो जाती हैं। स्वाहा को देखने के बाद शारीरिक विकलांगों के सहज भविष्य और सामूहिक विकास को लेकर नानादि महत् योजनाएँ ओंकार की भावना में उभरने लगी हैं। लेकिन केवल ओंकार के अकेले के प्रयास से हो भी क्या सकता है! हाँ, इतना आत्म-सन्तोष तो है कि कम-से-कम इस बारे में कुछ सोच-विचार रहा है। दूसरों के लिए इतना सोचने को भी कोई तैयार नहीं है।

स्वाहा के बारे में इतनी तसल्ली तो है कि कम-से-कम उसकी बड़ी बहन स्वाहा की मौत तक की जिम्मेदारी निभाएगी। ओंकार सोच रहा था कि स्वाहा की बड़ी बहन से मिलकर स्वाहा के भविष्य के बारे में बातचीत करे। स्वाहा का दिमाग जब इतना तेज है, इतना क्रियाशील बना हुआ है, तब जितने दिनों तक वह जिएगी, कम-से-कम इन्सान की तरह क्यों नहीं जिएगी?

खुशखबरी सुनाने गया था, पर बुरी खबर मिली ओंकार को। एक कम्पनी में उसे एक सन्तोषजनक नौकरी मिल गयी थी और उसने तय किया था कि अब विदेश नहीं जाएगा। महेन्द्र बाबू के हृदय की चाह यही थी। बेटे से एक दिन कहा था, "कम-से-कम मेरे मरने तक तो रुक जा, फिर जिधर चाहे

उधर चले जाना। तुझे नहीं पता कि इतने सारे बच्चों को इस संसार में लाने के बाद भी, तेरे ही पास मेरी जान अटकी रहती है। तुझे विदेश जाने दिया था पढ़ाई करने के लिए, उस देश में ठहर जाने के लिए नहीं। भारतवर्ष क्या मनुष्यों के रहने लायक नहीं है। जो इन्सान लायक हो गया वह विदेश में रह गया... ।''

इस बात को शुरू में ही बता दिया होता तो ओंकार इतने दिनों तक इतनी दुविधा और अनिश्चितता के दौर से नहीं गुजरा होता। विदेश में बस जाने का कोई लालच खासकर के उसमें नहीं था। बल्कि उसने महसूस किया है कि अपने देश में, अपने शहर में जीवन की एक सरस धारा है—जो विदेश में नहीं है। हमेशा लगता है, 'मैं विदेशी हूँ, यह मेरा देश नहीं है, यह मेरी अपनी जन्मभूमि नहीं है। स्कूल-कॉलेज की छुट्टियाँ होते ही गाँव वाली बस में जा बैठूँगा, नदी में डुबकियाँ लगाऊँगा, पेड़ पर चढ़ूँगा, माँ के हाथ के पकवान और अचार खाऊँगा, बचपन के दोस्तों से मिलकर पहले जैसा ऊधम मचाऊँगा, हठी और ढीठ बनूँगा'—ऐसे ही कुछ प्रतीक्षा के भाव मन में उमड़ते रहते। लगता कि सब कुछ पाने के बावजूद कहीं कुछ न पाने का भाव अनजाने में ही जैसे मन की तह में करवट बदलता रहता है। हालाँकि ओंकार की तरह सभी इतने 'होमसिक' हैं कि नहीं, यह बात विदेश में रहने वाले दोस्तों से कभी पूछी नहीं है ओंकार ने।

पिता महेन्द्र ने भी अपनी बात बड़ी देर बाद बतायी। जो भी हो, एक बहुत बड़ी दुविधा का हल मिल गया। उसके बाद बड़ी लगन के साथ कुछ इंटरव्यू दिए थे ओंकार ने। नौकरी मिल गयी है। अब वह निश्चिन्त है। इस बीच विदेश में चल रही नौकरी के अनुबन्ध की मियाद भी खत्म हो चुकी थी। पिताजी की बीमारी के इन्तज़ार में नौकरी थोड़े ही अटकी रहती।

इसी खुशखबरी को सुनाने के लिए श्यामल बाबू के पास गया हुआ था, लेकिन बेहद बुरी खबर पाकर चक्कर-सा आ गया ओंकार को। बेटी के वियोग के कारण वसुधा ने बिस्तर पकड़ लिया था और श्यामल बाबू समुद्र के भीतर एक पहाड़ की तरह दुःख की लहरों से भीगते-डूबते, थपेड़ों पर थपेड़े खाते हुए अडिग और अटूट बनकर खड़े हुए थे। ओंकार को देखकर मुस्कराते हुए खुद ही कहने लगे, ''खबर सुन ली न? मेरे साथ खेलने में साँवले प्रभु जगन्नाथ को बड़ा मजा आता है। ठीक है, उसे यदि मजा आता है, तो जो करना है करे। पर मैं थोड़े ही टूट रहा हूँ? अब मुझे वह क्या डरा सकता है?'' फिर हँसते रहे श्यामल बाबू। ओंकार समझ गया कि दुःख हद से ज़्यादा हो जाए, तो श्यामल बाबू खास इसी ढंग से हँसते हैं। हँसते-हँसते वे उठ रही हूक को कण्ठ-नली से

बाहर निकाल लेते हैं। उन जैसे एक विशालकाय पुरुष का दुःख में हँस पड़ना ही स्वाभाविक लगता है। वे रो पड़ते तो लगता कि शायद अभिनय कर रहे हों। श्यामल बाबू के हृदय की हूक से कभी-कभी ओंकार का गला रुँधने लगता है। ओंकार ने धीरे से पूछा, "अचानक ऐसा क्या हुआ?"

"हाट अँटैक! किसी को कुछ नहीं पता। खा-पीकर दोपहर को सोयी थी। चार बजे चाय पीने को बुलाया, तो वह है नहीं। शरीर निश्चल और ठण्डा पड़ गया है। वह चुपचाप गुजर गयी है। गुजर तो नहीं गयी, चुपके खिसक गयी है। इतनी बड़ी जिम्मेदारी क्यों लेती वह? एक अपाहिज बहन को घसीटना था, बात इतनी आसान तो थी नहीं! मुझे वादा किया था कि स्वाहा की जिम्मेदारी उठाएगी वह। लेकिन देखा न क्या किया?"

वसुधा के शरीर का ढाँचा मात्र पसरा हुआ है खाट पर। टुकुर-टुकुर ताक रही हैं छत की ओर। आँखों से ताजे आँसू की धारा झरती जा रही है श्यामल बाबू की बातें सुनकर।

स्वाहा असहाय हो लेटी हुई है हमेशा की तरह। चेहरा बिलकुल मुरझाया हुआ और बेचैन लग रहा है। वेदना के साये में लिपटी दोनों आँखें उदास और करुण हैं। अनकही पीड़ा से उसका शरीर और अधिक क्षीण तथा बीमार हो उठा है इस बीच।

कुछ रिश्तेदार घेर कर बैठे हुए हैं वसुधा को। ढाढ़स दिला रहे हैं, "आह, भगवान का कैसा अविचार है! सभी लोग जिसकी मौत के इंतजार में हैं, उसे कुछ नहीं हो रहा है। पर जिसका जीवन काफी कीमती है, उसे ले गए! देखो, ऐसे जीवन का क्या लाभ! चौदह वर्ष हो गए, माँ को परेशान कर रखा है, सब को परेशान कर रखा है। लेकिन चालीस साल पूरे होने से पहले ही भरी-पूरी गृहस्थी से बड़ी बहन को ले गए!" स्वाहा की ओर इशारा करते हुए बिरादरी की एक महिला ने कहा। ओंकार समझ रहा था कि बात सच है। मन में चुपचाप यही सवाल शायद सभी विश्वनियन्ता से पूछ रहे हों, "स्वाहा को न लेकर उसकी बड़ी बहन को अचानक क्यों ले गए?" लेकिन स्वाहा के मुँह पर इस तरह की निष्ठुर बातें कहना क्या ठीक है? वह अनचाही लड़की सब पर बोझ बन चुकी है, इस बात को वह जानती है। उसी बात को बार-बार याद दिलाने से उसके टूटे हुए शरीर का अटूट मन टूट-बिखर जाता है। ओंकार स्वाहा के चेहरे की ओर निहार नहीं पा रहा है। स्वाहा के चेहरे पर संसार से विमुख होने का ऐसा भाव उसने पहले कभी नहीं देखा था। ओंकार की ओर निहारते हुए स्वाहा ने इतना ही कहा,

"उस पर ही भरोसा था। वही गुजर गयी। मैं पापी न हुई होती तो मुझे छोड़कर भगवान उसे क्यों ले गए होते? मुझे पता है कि मेरे जीवित रहने से और लोग कष्ट भोग रहे हैं। मेरे जीवन की चाह किसी को नहीं है। फिर भी, जब मर नहीं पा रही हूँ, तो और कर भी क्या सकती हूँ?" दो बूँद आँसू स्वाहा की आँखों से ढुलक पड़े तकिये पर।

आज पहली बार स्वाहा के मुँह से इस तरह की निराशा-भरी बातें सुनी और आँखों में अनियंत्रित आँसू देखे। स्वाहा का शरीर टूट चुका था। लेकिन उसका मन अटूट आशा से भरपूर था। उस मन का टूटना-बिखरना शुरू हुआ है।

ओंकार स्वाहा के सामने जा बैठा। धीर-कोमल स्वर में कहा, "पता है कि दीदी की अकाल मृत्यु से सब को दुःख पहुँचा है। लेकिन तुम्हारे जीवन की चाह किसी को नहीं है, यह किसने कहा? शोकाकुल मनुष्य कभी कुछ कह देता है, लेकिन उसका असली अर्थ वैसा नहीं होता! तुम्हारे लिए मौसा और मौसी कितने चिन्तित हैं, तुम तो देख ही रही हो।" श्यामल बाबू ने पीछे खड़े होकर कहा, "हाँ, स्वाहा की मौत को लेकर हम चिन्तित हैं। जीवन नहीं, अपितु मौत उसके लिए किस तरह सुखद होगी, वही हमारी चिन्ता है। लेकिन उस चिन्ता का अन्त कहाँ है? जो लड़की उड़ीसा में थी और छोटी बहन की मौत की जिम्मेदारी ली थी, वही पहले रास्ता पार करके गुजर गयी। सोच रहा हूँ कि हमारी मौत के बाद स्वाहा का क्या हाल होगा। हालाँकि अब केवल मेरे छोटे भाई सेवा-निवृत्त डाक्टर कमल का ही भरोसा है। उसका इकलौता लड़का विदेश में विवाह करके वहाँ का स्थायी बाशिंदा हो गया है। वह अब भारत नहीं लौटेगा। कमल स्वाहा को खूब चाहता है। कई बार कहा है कि वह स्वाहा की जिम्मेदारी लेगा। मुझे विश्वास है कि स्वाहा की मौत उसकी देखरेख में सुखद होगी। लेकिन कौन जानता है कि मेरे भाग्य को लेकर ईश्वर क्या सोच रहे हैं। वह भी यदि अन्त में झाँसा दे गया, तो स्वाहा को आत्महत्या करने के अलावा और कोई चारा नहीं है।

आकाशवाणी की तरह श्यामल बाबू की भविष्यवाणी इतनी जल्दी सच्चाई में बदल जाएगी, इसका अन्देशा किसी को नहीं था। कमल बाबू श्यामल बाबू से तेरह साल छोटे हैं। अच्छे कद-काठी के तन्दुरुस्त आदमी। चेहरे पर जवानी की विदाई मुहर साफ है, लेकिन बुढ़ापे के प्रवेश के निशान पहचान में नहीं आ

रहे हैं। चेहरे से यह भान नहीं होता कि अवकाश ग्रहण कर लिया है। पत्नी के साथ गए हुए थे अमरीका बेटे से मिलने। बीच-बीच में बेटे के पास हो आते हैं। पाँच-छः साल में एक बार। जीवन के बचे हुए दिन बेटे के पास गुजारने का कोई इरादा नहीं है। इस बार भी एक महीने के बाद लौट आए होते। जाते वक्त कह गए थे कि स्वाहा की अत्याधुनिक चिकित्सा के बारे में वहाँ के डाक्टर बन्धुओं से सलाह-मशविरा करेंगे। उसके जीवन को सहज और स्वाभाविक बनाने के लिए जो भी चाहिए, आखिरी कोशिश करके देखेंगे।

श्यामल बाबू और वसुधा के मन में बेटी के भविष्य का बुझता हुआ दीपक अपनी अन्तिम शिखा के साथ दमकता हुआ जल उठा। कौन जाने, कोई अलौकिक चिकित्सा इस बीच विकसित हुई होगी, तो हो सकता है कि स्वाहा स्वाभाविक हो जाए।

रोज़ कमल बाबू से देववाणी की तरह एक आशाजनक चिट्ठी का इन्तज़ार किया करते थे श्यामल बाबू। स्वाहा के लिए कमल बाबू ज़रूर हर तरह की कोशिश करेंगे। कमल बाबू के प्राण बसे हुए हैं स्वाहा में। उनके निस्संग जीवन की एकमात्र साथी स्वाहा है।

चिट्ठी के बदले तार आया, ''हृदय-यंत्र की क्रिया थम जाने से कमल बाबू की मौत हो गयी है।'' खबर पाकर श्यामल बाबू के हृदय-यंत्र की क्रिया थम जानी चाहिए थी, लेकिन वे हँसने लगे—जिस किसी से मिले, अस्वाभाविक ढंग से हँसते हुए छोटे भाई की अचानक मौत की खबर सुनाने लगे। भाई की तेरहवीं जगन्नाथ जी के महाप्रसाद के सेवन के साथ समाप्त होने के बाद कहा, ''सारे कार्य मेरे ही हाथों करवाने के लिए शायद ईश्वर ने मुझे भेजा हो।''

ढाढ़स दिलाने के लिए ओंकार के पास शब्द नहीं थे। नई नौकरी में पहुँचने के बाद स्वाहा के पास आने के लिए उसे समय कम ही मिलता था। महेन्द्र की सेहत धीरे-धीरे सुधर रही थी। इसलिए ओंकार पहले की तरह परेशान नहीं था। यहाँ उसकी नौकरी लगने के बाद बीच-बीच में गाँव से माँ, भाई, बहन, भाँजा, भाँजी और नाते-रिश्तेदार महेन्द्र को देखने के बहाने आ पहुँचते थे और ओंकार पर काफी आर्थिक दबाव पड़ता था। स्थिर बुद्धि वाला ओंकार इससे विचलित नहीं होता था। बचपन से ही इस तरह की परिस्थिति से वह खूब परिचित था।

मगर स्वाहा के बारे में वह काफी चिन्तित रहता था। अब अचानक यदि श्यामल बाबू को कुछ हो जाता है, तो स्वाहा की जिम्मेदारी कौन उठाएगा? श्यामल

बाबू के अनुभवी मन की आशंका हो सकता है सच निकले। स्वाहा असहाय हो प्यास से छटपटाते हुए जान गँवाएगी! यह बात सोचते ही मन में एक अपराध-बोध पनपने लगता है। विवेक कह उठता है कि इस मामले में उसका भी कुछ फर्ज बनता है। फिर उसे लगता है कि वह खुद को क्यों अपराधी समझ रहा है? श्यामल बाबू का न वह भाई-बन्धु है, न आत्मीय-स्वजन। स्वाहा के लिए वह कर ही क्या सकता है?

फिर दुविधा में उलझकर सोचता है कि भाई-बन्धु, आत्मीय-स्वजनों की सीमा क्या सिर्फ जन्मगत और रक्तगत दायरे में कैद है? किसी आदमी का किसी पराये आदमी के साथ क्या कोई आत्मिक सम्पर्क नहीं है? तब किसी अनजान आदमी के दुःख, कष्ट, रोग, शोक, अनाहार, अत्याचार, अविचार और मृत्यु के कारण किसी और आदमी में व्यथा का स्वर क्यों गूँजने लगता है? राम के वनवास, जानकी के दुःख, निर्वासन, अग्नि-परीक्षा और धरती-प्रवेश, द्रौपदी की लांछना, कर्ण-पुत्र विश्वकेशन के त्याग-पूत आत्मदान, राजा हरिश्चन्द्र की करुण जीवन-गाथा को सुनते ही आदमी क्यों आँसू बहाने लगता है। किसी अनजान पथिक को ठोकर लगते देख, आह कहते हुए थाम लेने के लिए अपना हाथ आप ही क्यों पसरने लगता है? फाटक के पास कोई अनजान प्यासा आदमी थोड़ा पानी माँगे, तो काम छोड़कर मनुष्य एक गिलास पानी पिलाने क्यों जाता है? धरती के किसी कोने में घटी सड़क दुर्घटना, हवाई जहाज दुर्घटना, हिंसक वारदात तथा खून-खराबे की खबर को पढ़कर हृदय क्यों पसीज उठता है?

यह है मनुष्य का मनुष्य के साथ आत्मिक संयोग। इसलिए स्वाहा की वेदना को लेकर ओंकार के मन की गहराई में एक अनजान दुःख का स्वर गूँजता रहता है। एक मनुष्य के नाते किसी और मनुष्य के दुःख को हल्का बनाने के लिए कुछ करना क्या ओंकार का मानवीय कर्तव्य नहीं है? वह भले ही स्वाहा का भाई, बन्धु या बिरादरी का नहीं है, फिर भी उससे यदि स्वाहा की कोई व्यवस्था हो सकती है, तो क्या उसे नहीं करना चाहिए? नई नौकरी, बीमार पिताजी और रिश्तेदारों की सभी जिम्मेदारियों के भारी बोझ के रहते स्वाहा के अनिश्चित भविष्य की बातें ओंकार के मन की गहराई में खदबदाती रहतीं।

समय मिलते ही ऑफिस से कभी-कभार फोन कर लेता है ओंकार। फोन स्वाहा के सिरहाने रखा रहता है। पहले स्वाहा ही फोन उठाती। हमेशा की तरह ओंकार पूछ लेता, "कैसी हो?"

—"ठीक हूँ।" स्वाहा की मुस्कान-भरी आवाज सुनायी पड़ती।

—"ठीक हो!"

—"हाँ, मुझे और ज़्यादा खराब क्या होना है। माँ की तबीयत बहुत ज़्यादा खराब थी। सुधर रही है। मुझे तो तेज बुखार और ओबसिस की शिकायत रहती है—अब डाक्टर ने आकर शरीर का कुछ और हिस्सा काट फेंका है। इसलिए बुखार कम हो गया है। पिताजी का प्रातःभ्रमण, समय पर भोजन और विश्राम, किताबें पढ़ना और सोने से पहले डायरी लिखना पहले की तरह नियमित चल रहा है। कभी-कभार छिपकलियों को मारने का काम समय के अनुसार उनका मन बहलाव ही है—"...स्वाहा की हँसी की लहरें फोन पर बल खाने लगतीं। माँ के सेवा-कार्य में कोई कमी नहीं है। दमे की बीमारी के कारण तो थोड़ा कष्ट होता है। हमारे घर की बातें छोड़ो—तुम्हारा क्या हाल है? ऑफिस कैसा लग रहा है? विदेश की सारी बातों से यहाँ की सारी बातों की तुलना करने से बेचैनी होती है न? विदेश से लौटने वाले लगभग सभी इस तरह की तुलना के कारण काफी दिक्कत झेलते हैं और काफी लोग इसी कारण लौट जाते हैं। तुम्हें अब लौट तो नहीं जाना है? समय मिले तो आना। पिताजी कभी-कभी याद करते हैं। उन्हें कोई काम नहीं है, पर औरों को थोड़े ही काम नहीं है?" स्वाहा के स्वर में बनावटीपन नहीं होता। जो कुछ कहती, मन की बात कहती। ओंकार आ नहीं पाता है, इसलिए वह नाराज नहीं है। असलियत को वह समझती है, जिन्दगी को समझती है। नाहक रूठने और नाराज होने का नतीजा कुछ नहीं होता, इस बात को उसने पिछले चौदह वर्षों से अपनी अनुभूतियों की पाण्डुलिपि में लिख रखा है।

कभी-कभार ऐसा भी होता है कि ओंकार महीना भर तक फोन भी नहीं कर पाता है। स्वाहा के यहाँ से फोन आता है, "कैसे हो? मौसा कैसे हैं? मेरी कोई नई खबर नहीं है। सोचती हूँ कि यों ही कुछ काम करना चाहिए। बैठे-बैठे समय बरबाद करना ठीक नहीं लग रहा है।"

"...काम? कौन-सा काम?"

"...आँखों के सहारे दोनों हाथों से जो कुछ सम्भव हो, वह नहीं कर सकती? दोनों पैर भले ही न चल रहे हों, पर दोनों हाथों को निकम्मा क्यों बनाऊँ?" स्वाहा के गले से गहरी आशा और आत्मविश्वास की रागिनी झरने लगती। ओंकार कहता, "तुम तो बुनाई-कढ़ाई का काम खूब कर लेती हो। और क्या करोगी?" स्वाहा उत्तर देती, "हाँ, वह काम चल रहा है। आजकल जरी के धागे से जगन्नाथ जी के मुख-मण्डल को बनाने के खूब आर्डर मिल रहे हैं। खर्चा जाकर कुछ

पारिश्रमिक भी मिल जाता है। लेकिन कभी-कभी दोनों आँखों में काफी दर्द होता है। उतना ही तो मेरा शरीर है! पढ़ने, टी.वी. देखने और तुम लोगों को यहाँ देख पाने के कारण ही मैं सारे संसार को देख पा रही हूँ। उन पर अनुचित दबाव न डालने की सलाह डाक्टर दे रहे हैं। आँखों को आराम न मिलने से यदि वे भी असहयोग कर बैठीं, तो फिर बात खत्म हो गयी। मेरी चाह है कि मरने के बाद भी मेरी दोनों आँखें किसी की तरह जिन्दा रह पातीं! सचमुच मैं दोनों आँखों की आभारी हूँ।'' स्वाहा भावुक हो उठती।

ओंकार ढाढ़स दिलाता, ''आँखों को विश्राम दो स्वाहा! डाक्टर की सलाह माननी होगी। आँखों पर कम दबाव डालते हुए और कौन-सा काम घर बैठे-बैठे किया जा सकता है, उस पर मैं सोच रहा हूँ। तुम भी सोचा करो। सचमुच कुछ तो शुरू करेंगे। मैं भी अक्सर यही बात सोचता रहता हूँ।''

''...पिताजी याद कर रहे थे। समय मिले तो आना।'' स्वाहा फोन रख देती है।

ओंकार उलझन में पड़ जाता है कि स्वाहा से और कौन-सा काम सम्भव हो सकता है?

यह सोच ही रहा था कि कब जाएगा, एक दिन सुबह रवि आ पहुँचा। स्वाहा ने भेजा है। रवि, अनादि, शंकर और विष्णु चारों श्यामल बाबू के अहाते में रहते हैं, एक कतार में बने एक ही कोठरी वाले घरों में। किराया देते नहीं हैं। बगीचे में फसल उगाते हैं। श्यामल बाबू के समेत सब खाते हैं। बिजली का खर्चा भी श्यामल बाबू उनसे नहीं माँगते हैं। वक्त-बेवक्त रुपये-पैसे उधार में देते हैं। सब को आफत के समय सहारा देकर नौकरी दिलवायी थी अपनी असरदार सिफारिश से। वे सभी श्यामल बाबू के परिवार में शामिल हैं। आधी रात को आफत आए तो श्यामल बाबू को इन्हीं का भरोसा है। श्यामल बाबू सोचते कि इन लोगों को उन्होंने आसरा नहीं दिया है, बल्कि वे खुद इन लोगों के आसरे में रह रहे हैं। वे लोग अहाते में नहीं रह रहे होते तो इनके दिन नहीं गुजरते। उन लोगों के बाल-बच्चे अहाते में भागते हुए खेलते-कूदते तो श्यामल बाबू के मन से ढेर सारे तनाव, बेचैनी, विषाद और संसार के प्रति वितृष्णा के भाव अपने-आप दूर हो जाते। उन्हें लगता कि जीवन की सारी घटनाएँ और दुर्घटनाएँ काफी स्वाभाविक हैं। घटनाओं और दुर्घटनाओं का समन्वय ही जीवन है। सत्ता में रहते समय रवि, अनादि के स्तर के इन्सानों से और उनके बच्चों से नफरत करते थे श्यामल बाबू। ये लोग इनसान से निम्न स्तर के जीव हैं, ऐसी धारणा

थी उनकी। क्षुधा, हिंसा, छल, धोखा, असभ्यता, काम, क्रोध और ओछेपन के अलावा उनमें कोई ऊँची चिन्ता और चेतना हो सकती है, इसका विश्वास उनमें नहीं था। वे सोचते थे कि कुछ लोग दाता तथा आश्रयदाता बनकर पैदा होते हैं और कुछ लोग ग्रहीता तथा आश्रित बनकर सारा जीवन गुजारते हैं। श्यामल बाबू पहली श्रेणी के व्यक्ति हैं। लेकिन जीवन में मीठे और तीखे अनुभवों से उन्होंने समझ लिया है कि सभी इनसान समान हैं। सब के अन्दर पशुत्व भी है और देवत्व भी। जीवन में कोई भी इनसान दाता, ग्रहीता, आश्रयदाता और आश्रित हो सकता है। केवल दाता या केवल ग्रहीता बनकर किसी का जीवन नहीं गुजरता। तनिक सूक्ष्म रूप से विचार करने से श्यामल बाबू को महसूस होता है कि सचमुच इस संसार में सभी आश्रित हैं और सभी ग्रहीता हैं। दाता और आश्रयदाता सिर्फ एक हैं—जिसे किसी ने पूरी तरह समझा नहीं है, पूरी तरह पहचाना नहीं है, अनुभव नहीं किया है, वही विश्व के परम विस्मय—परम रहस्यमय परमेश्वर हैं।

जिन्हें वे मनुष्य से हीन समझ रहे थे, उनके बाल-बच्चे तमाम बगीचे में धमा-चौकड़ी मचा रहे हैं। लेकिन उनकी खूब लाड़ली बेटी, जिसे श्यामल बाबू मनुष्य के स्तर से ऊपर उठाते हुए देवकन्या मान बैठे थे, वह पंगु, कमजोर और अकर्मण्य बनकर मौत की प्रतीक्षा में पड़ी हुई है लगातार चौदह वर्षों से।

वयस, अनुभूति और मर्म की वेदना के कारण ही श्यामल बाबू में दिव्य-चेतना उद्भासित हो उठी है। बहुत दिनों बाद कोई उनसे मिलकर यदि कहता है, "आप कितने बूढ़े हो गए हैं!" तो श्यामल बाबू मुस्कराते हुए कहते—मैं तो सोच रहा हूँ कि 'बूढ़ा' नहीं हो रहा हूँ 'बढ़' चुका हूँ। वास्तव में संसार की कई सच्चाइयों को मैं अनुभव कर पा रहा हूँ। मेरे कई भ्रम मिट चुके हैं।

वेदना और बन्धु ताने-बाने की तरह जुड़े हुए होते हैं। वेदना के भँवर में डूबते समय श्यामल बाबू ने कई बन्धुओं को चुन लिया है। उनमें से इलेक्ट्रिशियन रवि एक है।

रवि ने टिफिन का एक डब्बा बढ़ाया। उसके साथ एक चिट्ठी भी। चिट्ठी को खोलकर ओंकार ने पढ़ा। स्वाहा ने लिखा था, "जन्मदिन की शुभकामनाएँ! माँ ने सुबह मन्दिर जाकर प्रसाद चढ़ाया है। प्रसाद भिजवाया है, रख लेना। समय मिले तो आना।"

ओंकार ने आश्चर्य के साथ पूछा, "यह किसने बताया कि आज मेरा जन्म-दिन है? मैं खुद ही नहीं जानता?"

रवि ने कहा, "कभी बातचीत करते समय आपने जन्मदिन का जिक्र किया होगा। जीजी को याद होगा। हमारे बाल-बच्चों का जन्मदिन कोई और भले ही न मनाए, लेकिन जीजी भूलेगी नहीं। याद रखकर मिठाई, खिलौने और नए कपड़े भिजवा देंगी। बच्चों को पास बुलाकर प्यार जताएँगी। साथी, सहेली और पास-पड़ोस के बच्चों के जन्मदिन याद रखकर फोन पर बधाई देंगी। मेरे हाथों कोई भी एक छोटी-सी भेंट भिजवा देंगी। जीजी का जैसा दिल मैंने और किसी का नहीं देखा है।" मन-ही-मन स्वाहा को प्रणाम किया ओंकार ने। उसकी महानता के आगे सिर नवाया। सारे संसार के लिए उसकी श्रद्धा को देख अभिभूत हो उठा ओंकार। शाम को श्यामल बाबू के घर पहुँचा। मुस्कराते हुए कहा, "तुम्हें कैसे पता चला कि आज मेरा जन्मदिन है? मेरी जन्म-तिथि का पता मुझे ही नहीं है। कभी मेरा-जन्म दिन मनाया ही नहीं गया।" स्वाहा ने एक निर्मल हँसी बिखेरते हुए कहा, "जन्म-तिथि का पता न हो तो जन्म की तारीख बदल तो नहीं जाती। अँग्रेजी तारीख के हिसाब से आज तुम्हारा जन्म-दिन है।"

"तुम्हें कैसे पता चला?"

उस दिन अपने सारे सर्टिफिकेट लेकर जेराक्स कॉपी करवाने आए हुए थे और मैं उन्हें देख रही थी। उसमें से जन्म-तारीख मुझे याद हो गयी। जन्म की तारीख याद रखना मुझे अच्छा लगता है। पास-पड़ोस के बच्चों की जन्म-तारीख मुझे याद हैं। मैं सोचती हूँ कि मनुष्य के जीवन में जन्म-दिन सबसे ज़्यादा खुशी का दिन है। क्योंकि उस पहले दिन सभी मानव-शिशु समान रूप से निष्पाप, कोमल, पवित्र, और सुखी दिखाई पड़ते हैं। उसके बाद धीरे-धीरे धनी-गरीब, सुन्दर-असुन्दर और जाति-पाँति के भेदभाव मनुष्यों के बीच दीवार बनकर खड़े हो जाते हैं। धीरे-धीरे मनुष्य का जीवन दुःखमय हो जाता है। उस खुशी के दिन को याद दिलाना मुझे अच्छा लगता है।"

स्वाहा की बातों की गहराई में जो जीवन-सत्य छिपा हुआ था, वह स्वाहा की अनुभूति के स्वर में उद्‌भासित हो रहा था। ऐसा कौन है, जो उस सत्य को उपलब्ध नहीं कर सकता?

स्वाहा के भविष्य की कार्य-शैली के बारे में इस बीच ओंकार ने कुछ सोचा था। उस बात को श्यामल बाबू की उपस्थिति में प्रकट किया। सोचा था कि श्यामल बाबू खुश होंगे। लेकिन श्यामल बाबू में कोई उत्साह नहीं दिखा, बल्कि

लापरवाही के साथ उन्होंने कहा, "छोटे बच्चों के लिए प्राक्-विद्यालय (pre-school) की कक्षा खोलोगे और स्वाहा यहाँ लेटे-लेटे उन्हें कहानी सुनाएगी, गाना सुनाएगी, अक्षर आदि सिखाएगी और लाड़-प्यार के साथ उनमें स्कूल जाने की आदत डालेगी। स्वाहा के लिए यह प्रस्ताव काफी स्वागत योग्य है। लेकिन सोचो तो सही, ऐसे कौन माँ-बाप होंगे, जो अपने बच्चों को स्वाहा के पास भेजेंगे?"

"क्यों नहीं भेजेंगे? बल्कि स्वाहा मन लगाकर अपना कर्तव्य निभाएगी और बच्चे उसके बस में हो जाएँगे।" ओंकार ने कहा।

"लेकिन इतने अच्छे स्कूलों के रहते यहाँ कोई क्यों भेजेगा बच्चों को? एक विकलांग शिक्षिका के सम्पर्क में आने से बच्चों का व्यक्तित्व विकलांग भी हो सकता है, ऐसी आशंका का उनमें उपजना स्वाभाविक है।" स्वाहा के मुँह पर श्यामल बाबू का दो टूक जवाब काफी निष्ठुर और हृदयहीन लग रहा था। वे यह नहीं सोचते कि जीवन के निर्मम सत्य का सामना करते समय सत्य के आवरण को रखना चाहिए।

श्यामल बाबू का यह कथन अनुभूति-सिद्ध है। रवि, अनाम, शंकर, विष्णु आदि के बच्चे श्यामल बाबू के घर के अन्दर स्वाहा की कोठरी में अक्सर खेलते रहते हैं। बीच-बीच में स्वाहा उन्हें नाश्ता, बिस्कुट, फल आदि खिलाती है, कहानी सुनाती है, गाना सिखाती है। स्वाहा का समय ज़्यादातर बच्चों के साथ बीत जाता है। एक बार दो बच्चे आपसी मारपीट के कारण भले ही खून से लथपथ हो गए, लेकिन चिल्लाते हुए मना करने के अलावा खुद जाकर दोनों बच्चों को रोकने में स्वाहा असमर्थ रही। और एक बार कहीं से एक ब्लेड पाकर एक बच्चा अपना ही हाथ छीलने को हुआ, उस समय स्वाहा सिर्फ विकल होकर चीख रही थी। फिर एक बार घर में ही खेलते-कूदते समय दरवाजे के पास रखी स्टील की अलमारी से उसी लड़के का सिर टकरा जाने से वह बेहोश हो गया। फिर भी स्वाहा के लिए जाकर बच्चे को सँभाल लेना सम्भव नहीं हो सका। इस तरह और भी छोटी-छोटी घटनाएँ हैं, जिसके कारण स्वाहा के पास बच्चों को सही-सलामत छोड़कर माताएँ निश्चिन्त नहीं रह सकतीं। भले ही कोई परिचारिका रहे, लेकिन हर वक्त चौकस रहना सम्भव नहीं है! इसके अलावा स्वाहा हर एक-दो महीने में शरीर के सड़े हुए आबॅसिस के साथ तेज़ बुखार और उल्टी का शिकार हो जाती है। उस समय स्कूल बन्द करना पड़ेगा। इस बात को कोई क्यों बर्दाश्त करेगा? हमारे पड़ोसियों के मन में यह आशंका भी बनी हुई है कि स्वाहा की बीमारी कहीं संक्रामक तो नहीं है, उसके शरीर के सड़े हुए हिस्से से कहीं कोई बीमारी हमारे

बच्चों को हो तो नहीं जाएगी। रवि और अनाम के दोनों बच्चे यदि ज़्यादा देर तक सोये रहते और उनकी माताएँ कहतीं, "अच्छे बच्चे जल्दी बिस्तर छोड़ते हैं, अपना काम खुद करते हैं, आलसी नहीं बनते..." तो बच्चे जवाब देते, "जीजी किस तरह हमेशा सोई रहती हैं? जीजी तो अपना काम खुद नहीं करतीं। जीजी तो आलसी बनी हुई हैं। वे क्या बुरी लड़की हैं? जीजी यदि कुछ नहीं करती हैं, तो हम क्या करें?"

असल में आजकल उनके बच्चों को श्यामल बाबू ज़्यादा आने नहीं देते हैं। केवल दूरदर्शन पर बच्चों का कोई कार्यक्रम हो तो स्वाहा जबदस्ती उन्हें बुला लेती है।

यह सब सुनने के बाद ओंकार ने महसूस किया कि परिस्थिति के यथार्थ की ओर उसका ध्यान नहीं गया है।

गम्भीर आवाज में उसने कहा, "तब तो स्वाहा के बारे में कुछ और सोचकर ही तय करना होगा।"

"काफी सोच-समझकर मैंने एक अच्छी बात तय की है। सिर्फ तुम्हारी तनिक सहायता चाहिए। सहायता करोगे?" अनुनय-भरे स्वर में श्यामल बाबू ने पूछा।

ओंकार ने काफी आग्रह के साथ कहा, "स्वाहा को कुछ सुविधा दिलाने में मैं सहायता करूँगा कि नहीं, यह सवाल पूछकर आपने मुझे दुःख पहुँचाया है। जब से मैंने स्वाहा को इस हालत में देखा है, तब से मैं यह सोच रहा हूँ कि किसी भी तरीके से यदि मैं उसके लिए कुछ कर सका, तो मैं यह समझूँगा कि मेरा भारत लौटना सार्थक हुआ।"

श्यामल बाबू धीरे से मुस्कराए। कहा, "अभी छोटे हो, इसलिए भावुकता कुछ ज़्यादा है। लेकिन वास्तव में सहायता पहुँचाने का समय आएगा, तब मुझे लगता है कि तुम भी उस समय औरों की तरह पीछे हट जाओगे।"

ओंकार हकबका गया। श्यामल बाबू की निष्ठुर स्पष्टवादिता कभी-कभी काफी दुःखद होती है। उसने नम्र स्वर में कहा, "कहिए, क्या करना होगा। सोचता हूँ कि स्वाहा के लिए जो आवश्यक हो, मैं कर सकता हूँ।"

श्यामल बाबू ने गम्भीर होकर कहा, "यह मत सोचो कि कुछ त्याग करने को कह रहा हूँ। स्वाहा की तरफ से अच्छी तरह समझाते हुए सरकार को एक आवेदन-पत्र लिखने का सिर्फ तुम्हें अनुरोध कर रहा हूँ। तुम सिर्फ भाषा देकर लिख देना। स्वाहा खुद दस्तखत करेगी। क्या लिख नहीं सकोगे?"

उत्साहित होकर ओंकार ने कहा, "इसमें अनुरोध की क्या बात है? यह

तो मेरा कर्तव्य है। कहिए, किस बात के लिए आवेदन करना है? समाज-कल्याण बोर्ड की तरफ से कुछ सहायता या चिकित्सा की कोई सुविधा...''

ओंकार को सकते में डालते हुए श्यामल बाबू ने निर्विकार भाव से कहा, ''आत्महत्या करने की अनुमति के लिए स्वाहा सरकार से आवेदन करेगी। आवेदन पत्र लिख दोगे तुम। काफी सोच-समझकर मैंने तय किया है कि स्वाहा को बहुत जल्दी शरीर त्याग करना चाहिए। शरीर ही उसके दुःख का एकमात्र कारण है। कब लिख दोगे आवेदन-पत्र?''

निष्ठुरता के चरम निदर्शन के रूप में स्वाहा के सामने ही जवाब माँग रहे हैं श्यामल बाबू। ओंकार को लग रहा है कि वह एक घृणित हत्या के षड्यन्त्र में शामिल हो रहा है। स्वाहा के कोमल, निष्पाप चेहरे पर करुणा की एक छाया पसरी हुई है—अपने लिए नहीं, अपने असहाय पिता के लिए वह अन्दर ही अन्दर टूटती ही जा रही है। पिता की इस निष्ठुरता की नग्न अभिव्यक्ति में उनके कन्या-प्रेम का अन्तिम करुण पर्याय स्वाहा के सामने साफ हो उठा है। श्यामल बाबू की इस अप्रिय सत्य की अभिव्यक्ति को लेकर स्वाहा के मन में कोई मलाल नहीं है। सहानुभूति भरी उसकी दोनों कोमल आँखें बता रही थीं कि अपने पिता को उसने जितना समझा है, और किसी ने उतना नहीं समझा है।

बाप और बेटी को देखकर ओंकार तय नहीं कर पाया कि सचमुच कौन सहानुभूति और करुणा का पात्र है। श्यामल बाबू की निष्ठुर बातों के कारण ओंकार को उन पर गुस्सा आ रहा था। स्वाहा की आवेदन भरी दोनों आँखों पर नजर पड़ते ही श्यामल बाबू के प्रति अशेष करुणा और सहानुभूति से उसका मन आर्द्र हो उठा।

इस तरह का एक आवेदन पत्र वह लिख नहीं सकता, ऐसा वह नहीं कह सका। लेकिन इस तरह के कार्य के लिए वह हामी भी कैसे भरता?

वह नीरव-निरुत्तर हो अनकही वेदना लिए विदा हो आया।

अहंकार को समाप्त करने का वास्तविक अर्थ यदि ध्यान हो, तो स्वाहा काफी पहले से ही ध्यानस्थ हो चुकी है। उसके अन्दर से 'अहं' दूर होता जा रहा है। मनुष्य अपने चारों ओर जिस छोटे-से परिसर का निर्माण किए रहता है और उसके केन्द्र में 'मैं' को अभिषिक्त किए रहता है, वहाँ की भावना और चिन्ता सीमित-संकीर्ण और 'मैं केन्द्रिक' होती है। लेकिन काफी दिनों से स्वाहा की भावना में 'मैं' का अस्तित्व ही नहीं है। जिस 'मैं' का वर्तमान और भविष्य कुछ भी नहीं, उसे भावना से हटाकर स्वाहा ने बल्कि एक असीम व्याप्ति में चिन्ता और

भावना को प्रसारित किया है, जहाँ 'मैं' या मेरा अस्तित्व नहीं है, वहाँ 'मैं' या मेरे अस्तित्व के न होने की आशंका भी नहीं है। स्वाहा का मन इसलिए शंका-विहीन, निर्द्वन्द्व और पहाड़ की तरह अविचल व स्थिर है। अपने लिए वह कभी विचलित होती है, ऐसा ओंकार ने कभी देखा नहीं है।

जिन लोगों में 'मैं' का आधिपत्य ज़्यादा होता है, वे ज़्यादा दुःख भोगते हैं। जिस तरह दुःख भोग रहे हैं स्वाहा के दुर्भाग्य को लेकर उसके माँ-बाप, बन्धु परिजन।

बड़ी बहन की मौत ने उन्हें जितना दुःख दिया है, स्वाहा का जीवन उन्हें उससे अधिक दुःख दे रहा है। बड़ी बहन की मौत या खुद का जीवन स्वाहा के नियंत्रण में नहीं है। फिर भी उसे घेर कर बैठे हुए स्वजनों को बड़ी बहन की मृत्यु पर शोक मनाते देख वह खुद को अपराधिनी मान रही थी। वह जीवित है, लेकिन जिसे जीवित रहना चाहिए था वह गुजर गयी है, इसके लिए जैसे स्वाहा जिम्मेदार हो। बूढ़े पिता और बीमार माँ को दुःख-दर्द में उलझाते हुए उसका लगातार बारह-चौदह वर्षों तक जीवित रहना मानो कोई बहुत ही अनचाही बात हो इस सरल, सजीव, कर्ममय पृथ्वी पर। लेकिन वह क्या कर सकती है? जीवन और मृत्यु के जो सर्वमय कर्ता है, वे यदि उचित और अनुचित का विचार किये बिना स्वाहा की बड़ी बहन को ले जाते हैं और स्वाहा को छीजते हुए जीने के लिए छोड़ देते हैं, तो स्वाहा का क्या चारा है!

श्यामल बाबू स्वाहा के सामने बार-बार ओंकार से अनुरोध करते, "उस आवेदन-पत्र को कब लिख दोगे? अब देर किस बात की? तुम क्या सोचते हो कि स्वाहा का अब जीना ज़रूरी है?" ओंकार हर बार उन सभी सवालों को टाल जाता और स्वाहा दुःख-भरी गंभीरता ओढ़े खुद ही खुद से सवाल करती, "उसके जीवित रहने के पीछे ईश्वर का ऐसा कौन-सा महत् उद्देश्य है, जिसके कारण उसके अर्द्धमृत शरीर में जीवन नाम की वह अदृश्य रहस्यमय सत्ता, सारे संसार की मृत्यु की कामना के बावजूद न जाने कहाँ बड़ी निर्भीकता के साथ उसके अनचाहे शरीर में छिपी हुई है! ईश्वर ने उसे जीवित रखा है। इसलिए वह ईश्वर के दानस्वरूप उस जीवन-सत्ता को किस कार्य में लगा सकती है?

कितने सवाल, कितनी दुविधा, कितने अवसाद और क्लांति छोड़ गयी है दीदी की मौत। भग्न देह में से एक अदृश्य शक्ति मानो गायब हो गयी है। दीदी शायद उसके जीवित रहने का एक गुप्त अवलम्बन थी। अब स्वाहा असहाय और हताश है। जीवन के लिए नहीं—मृत्यु के लिए। अब उसका अवलम्बन कौन है?

माँ और पिता के बाद यदि वह जीवित रहती है, तब उसकी मृत्यु के पथ पर सहायक बन कर कौन खड़ा होगा?

दवाई लेने का कोई उत्साह नहीं है। इस पंगु शरीर को ज़्यादा दिन तक जिलाए रखने की आंतरिक इच्छा स्वाहा के अलावा शायद और किसी में नहीं है। सभी बेसब्री से उसकी मौत का इंतजार कर रहे हैं।

फिर किसी सुबह झरोखा खोलते ही रास्ते पर जा रहे परिचित लोगों की भौहों पर उभरी उस एक पंक्ति को स्वाहा साफ पढ़ लेती, "ओह! अब भी यह पंगु लड़की जिन्दा है।"

आत्महत्या के लिए आवेदन-पत्र लिख देने की श्यामल बाबू की बार-बार ताकीद के कारण ओंकार अक्सर आता नहीं है। धीरे-धीरे स्वाहा की कोठरी निर्जन हो उठती है। स्वाहा अपने ही अन्दर चुप होकर कहाँ तक पड़ी रहेगी? मनुष्य कभी अपने ही अन्दर चुप रह सकता है?

जीवन को प्रतिदिन बिलकुल नये सिरे से न देखा जाए, तो जीवन अनुकरणशील और रूढ़ दिनचर्या के भीतर घिसा हुआ, उबाऊ और अर्थहीन बन जाता है। व्यक्ति जो भी हो, जितना भी कार्य-व्यस्त हो उसका जीवन, हर दिन जीवन को नये सिरे से देखना चाहिए, नये-नये उद्देश्य ढूँढने चाहिएँ। ओंकार बार-बार यही बात कहता है स्वाहा से। स्वाहा उसकी बातों की सच्चाई को समझती है। लेकिन उसकी मृत्यु के लिए संसार जब एक ही स्वर में प्रार्थना कर रहा हो, तो वह जीवन को कैसे नये सिरे से देख सकती है?

आज तक स्वाहा जीवन से प्यार करती आयी है। जीवन से प्यार करने का मन्त्र उसे क्षणिका दे गयी है। फिर भी आज सारा संसार उसके चारों ओर चीखते हुए कह रहा है कि जीवन की अपेक्षा मृत्यु ज़्यादा कीमती है। दीदी की मृत्यु के बाद चारों ओर एक नीरवता छायी हुई है। देखते ही देखते एक अनूठी नीरवता स्वाहा को पूरी तरह दबोचने लगी है। ऐसी ही एक नीरवता क्या मृत्यु है?

जीवन की तुलना में मृत्यु यदि शान्तिमय है, किसी की मृत्यु यदि कुछ और लोगों के दुःख, दर्द, अशान्ति और व्यस्तता को दूर कर सकती है, तो जीवन की अपेक्षा मृत्यु काम्य है। लेकिन मृत्यु के लिए आत्महत्या करने की बात स्वाहा को जँच नहीं रही है। पाँच साल तक अस्पताल में उसने देखा है कि जीवन के लिए मनुष्य कितना व्याकुल रहता है। जीवितों के लिए जीवन कितना प्रिय है—फिर भी अपने जीवन की एक ही प्रिय वस्तु को वह दाता को लौटा देगी अपने-आप!

वसुधा ने दवाई खाने की बात याद दिला दी। स्वाहा के सिरहाने टेबिल पर ढेर सारी दवाइयाँ रखी हुई हैं। पास ही रखा रहता है हमेशा एक गिलास पानी। दीवार पर पेंडुलम की घड़ी। समय देखकर स्वाहा खुद ही दवाई ले लेती है। लेकिन अभी कुछ दिनों से स्वाहा दवाई लेना भूल जाती है।

बड़ी बेटी की मृत्यु का शोक अभी मिटा नहीं है—फिर भी वसुधा ने काफी कुछ सँभाल लिया है खुद को। स्वाहा उनकी कोमल बच्ची है। पिछले चौदह वर्षों से वे घर से निकल नहीं पाती हैं। नाते-रिश्तेदार, तीज-त्यौहार, शादी-ब्याह, गाँव-बिरादरी में आना-जाना सब कुछ छोड़ चुकी हैं वे! घर से निकलने का उपाय नहीं। गला सूख जाए तो भी वह एक बूँद पानी पी नहीं सकती। कभी-कभार बड़ी बेटी या कोई रिश्तेदार आ जाते, तो श्यामल बाबू के बाध्य करने से वसुधा कभी-कभार बाहर निकलतीं। कभी बाजार जाती, या फिर किसी नाते-रिश्तेदार के घर। बाहर निकलतीं तो वसुधा को ज़्यादा दुःख होता। शहर का नया रूप, स्वाहा का स्कूल, रास्ते में जा रही स्वाहा की उम्र की लड़कियाँ, काम में लगे हुए लोग, नये सिनेमा के पोस्टर, यहाँ तक कि बाहर के आकाश की धूप, सड़क के किनारे खड़े पेड़ों की छाँह, उनकी हरियाली, फूलों के रंग, नदी की धारा ये सब जैसे याद दिलाते हों घर के एक कोने में मृत्यु के इंतजार में पड़ी हुई उनकी लाड़ली बेटी की बातें। आँखें होते हुए भी वह इन सब चीजों को देख नहीं पाती है।

बाहर के संसार को देख फिर से एक बार उनके पुराने दुःख का घाव हरा हो जाता। घर लौटने तक मन को कुरेदते हुए एक ही बात सालती रहती, "पंगु बनकर पड़ी हुई है उनकी लाड़ली बेटी। संसार के सभी सुखों से वंचित हो वह अकेली पड़ी हुई है। अभियोगहीन, नीरव, उदार और सहनशील है उनकी बेटी स्वाहा। सारे संसार के लिए उसके मन में करुण जिज्ञासा है, लेकिन अपने बारे में अब कोई जिज्ञासा नहीं, प्रत्याशा नहीं। दुःख के बोझ को हल्का बनाने के लिए जाकर दुःख के ज़्यादा बोझ से टूट-बिखर कर लौट आतीं घर—बेटी के पास। बेटी के बिखरे हुए बालों को सहलाते हुए आर्द्र स्वर में पूछती, "लली, कोई परेशानी तो नहीं हुई।" आँखें छलछला आतीं। गला रुँध जाता। सुख का संसार उनके दुःख को बढ़ाता है। इसलिए अहाते से घिरा उनका यह घर ही अच्छा है, वहीं उनकी तीर्थभूमि है; जहाँ उनकी असहाय सन्तान है—वहीं उनका संसार है; वहीं उनकी कर्मभूमि है।

श्यामल बाबू की बातें ठीक विपरीत हैं। जब वह देखते कि उनकी बेटी इस तरह लेटे-लेटे जीवन बिता रही है, तो उन्हें काफी पीड़ा होती, सीने में दर्द

उभरने लगता। इसलिए वे अक्सर बाहर ही रहते हैं। रोज़ प्रातः और सांध्य-भ्रमण में जाने का अभ्यास बना लिया है। भोजन और विश्राम के अलावा बाकी का समय बाजार में कहीं बैठे होंगे, नाते-रिश्तेदार या पड़ोस के घर में समय गुजार देंगे, पड़ोस के बच्चों के साथ हँसी-मजाक करते हुए दुःख-दर्द को भुलाते रहेंगे। बाजार में खड़े-खड़े यदि किसी से बातचीत शुरू कर दी, तो न समय का ज्ञान रहेगा न ट्रैफिक का नियम याद रहेगा। किसी के यहाँ बिन बुलाये मेहमान बनकर पहुँच गये, तो उठने का नाम ही नहीं लेंगे। सिनेमा, सर्कस, खेल, साहित्य-संगोष्ठी, धर्म-सभा, चुनाव प्रचार-सभा, रात्रि-क्लब, दोस्त के घर में शतरंज का खेल—इस तरह गुजारते रहेंगे अनगिनत समय। घर लौटने की बात याद आते ही स्वाहा याद आएगी, याद आएगी उनकी बेटी की असहायता की कथा। इतने समर्थ, सार्थक और क्षमताशाली पुरुष होते हुए भी बेटी के लिए कुछ नहीं कर पाया, इतना याद आते ही हृदय दरक उठेगा। इसलिए घर में मेहमान जैसे हो गये हैं। बाहर के संसार व सड़क-बाजार को उन्होंने अपना लिया है। बारह-चौदह वर्षों से वसुधा घर के अन्दर और श्यामल बाबू घर के बाहर रहकर अपने-अपने ढंग से दुःख के बोझ को उतार फेंकने की कोशिश करते हुए दुःख का बोझ ढोये जा रहे हैं।

रास्ते में श्यामल बाबू से भेंट हो जाती, तो अक्सर लोग समय बरबाद होने के भय से कन्नी काट लेते, जैसे देखा ही न हो। द्वार पर श्यामल बाबू की आवाज़ सुनाई पड़ती, तो काम न होते हुए भी काम का बहाना बनाकर लोग बाहर निकल जाते। एक बार श्यामल बाबू से भेंट हो गयी, तो सारा काम बन्द। शिकार की उनकी अनुभूति, नौकरी-जीवन के किस्से, यौवन, कैशोर्य और बचपन की बातों का सुनने के लिए आज की व्यस्त दुनिया मे किसके पास समय रखा है?

अपने घर में श्यामल बाबू की आवाज सुनते, तो भीतर से जवाब नहीं देते। मन-ही-मन चौकस हो जाते और सोचते, 'यह बुड्ढा आज का सारा दिन मटियामेट कर डालेगा।'

तथापि श्यामल बाबू सींग की लम्बी घड़ी लिए घूमते रहते। बाजार-बस्तियों में विशाल-भीमकाय शरीर लिए रास्ता रोककर किसी से खड़े-खड़े बतियाते रहना रोज़मर्रा की बात है।

वसुधा घूमती रहतीं घर की चारदीवारी के भीतर, स्वाहा को केन्द्र बनाकर।

फिर एक बार दवाई लेने की बात याद दिला दी वसुधा ने। दोनों गोलियाँ खोल से निकालकर बेटी के हाथ के पास रख दीं और कहा, "नियमित दवाइयाँ

नहीं लेगी, तो तेरी तकलीफ बढ़ जाएगी—अख्तियार के बाहर हो जाएगी। जानती तो हो कि आजकल घर बुलाने से डाक्टर आते नहीं हैं...।''

स्वाहा ने शान्त स्वर में कहा, ''दवाई ले लूँगी। क्यों परेशान होती हो?''

बेटी के लिए शाम का नाश्ता बनाने वसुधा चली गयी रसोई में।

एक दबी हुई झुंझलाहट के साथ दवाई की दोनों गोलियों को हाथ में लेकर झरोखे के उस पार फेंकने के लिए हाथ बढ़ाते समय पीछे से किसी ने दवाई समेत हाथ को पकड़ लिया। गंभीर आवाज में कहा, ''यह क्या कर रही हो? जान-बूझकर अपना नुकसान करने वाली नासमझ लड़की तो तुम नहीं हो...''

स्वाहा ने मुड़कर देखा। ओंकार की आँखों से आँखें मिलीं। स्वाहा की आँखें छलछला उठीं। भोलेपन के साथ उसने सवाल पूछा, ''दवाई लेने से फायदा भी क्या है? कई वर्षों से दवाई तो ले रही हूँ...''

क्या उत्तर देगा, अचानक सोच नहीं पाया ओंकार। तनिक सोचकर कहा, ''फायदे और नुकसान का हिसाब करने वाले हम कौन होते हैं? दुनिया में कुछ बातें माननी पड़ती हैं। डाक्टर कहते हैं कि दवाई लो। उस बात को मानना पड़ेगा।''

''और ज़्यादा दिन ऐसी हालत में जीवित रहना सिर्फ मेरे लिए नहीं, और सभी के लिए भी कष्टदायक है। माँ और पिताजी मेरे कारण काफी भुगत चुके हैं। दीदी की अचानक मौत के बाद पिताजी मेरे भविष्य की चिंता में काफी दुःख झेल रहे हैं। मेरे भविष्य का मतलब है 'मृत्यु'। मैं खूब आराम से, बिना किसी कष्ट के, अच्छी देख-रेख के साथ मर सकूँ, यही पिता जी की इच्छा है। मेरी मृत्यु से पहले यदि पिताजी चल बसेंगे, तो मुझे होने वाले कष्ट की कल्पना से उनकी आत्मा छटपटाएगी। इस आशंका से वे मेरी मृत्यु की कामना कर रहे हैं। स्नेह के साथ देख-भाल करते हुए मुझे विदा कर देंगे, तो वे सुख से आँख मूँद सकेंगे। उनकी इच्छा को पूरा करने का एकमात्र रास्ता है आत्महत्या। लेकिन मुझसे बात नहीं होगी। सोचती हूँ कि दवाई न लूँ, तो शरीर का बाकी आधा हिस्सा मृत हो जाएगा और मैं मुक्त हो जाऊँगी। पिता जी भी...''

स्वाहा की छलछलाती आँखों में करुणा की छवि खिंच गयी है। वह करुणा अपने लिए नहीं, अपने पिता के लिए।

ओंकार श्यामल बाबू के दुःख को समझता है। फिर भी उसने सोचा, 'श्यामल बाबू दुःख के मारे कठोर हो जाते हैं।' उसने कोमल सहानुभूति के साथ स्वाहा की हथेली को सहलाते हुए कहा, ''तुम्हारे पिता जी को तुम से ज़्यादा मैं जानता हूँ। तुम्हारी मौत बरदाश्त नहीं कर पायेंगे। तुम्हारी मृत्यु की कामना उनके अन्तर

की बात नहीं है। वैसा होता, तो तुम्हारी तनिक-सी पीड़ा और वेदना को देख वे आँखें मूँदकर रातोंरात हजार रुपये का खर्चा नहीं करते। वे जो बोल रहे हैं, वह उनके दिल की बात नहीं है। समाज पर काफी झुँझलाहट और विद्रोह की घोषणा ही उनके कथन का आशय है। शारीरिक अक्षमों के प्रति इस समाज का क्या कोई कर्तव्य नहीं है? माँ-बेटी की मृत्यु के बाद पक्षाघात की बीमारी से ग्रस्त एक सन्तान क्या घर के अंधेरे में ऐसे ही मर जाएगी? वह क्या इस समाज की सन्तान नहीं है? उनकी कौन-सी व्यवस्था की है समाज ने?"

ओंकार की बात खत्म नहीं हुई है, पीछे से श्यामल बाबू के पैरों की आहट सुनाई पड़ी। ओंकार उसी तरह दवाई के साथ स्वाहा के हाथ को पकड़े हुए था। श्यामल बाबू को दिखाते हुए कहा, "देखिए मौसा, स्वाहा दवाई न लेकर बाहर फेंक रही थी। पकड़ में आ गयी है..." श्यामल बाबू का चेहरा मुरझा गया। भौंहें टेढ़ी करते हुए उन्होंने कहा, "स्वाहा दवाई फेंक रही थी? वह तो ऐसा कभी नहीं करती? बल्कि दवाई खत्म हो गयी हो, तो याद करके दवाई मँगवा लेती है। रक्त, मूत्र और शौच की जाँच नियमित रूप से अपने-आप करवा लेती है। सही समय पर दवाई न मिले तो परेशान कर डालती है अपनी माँ को..."

श्यामल बाबू की परेशानी को गौर करते हुए ओंकार ने बात को घुमा-फिरा कर कहा, "एक ही प्रकार की दवाई खाते-खाते वह तंग आ चुकी है। इसलिए कह रही थी कि अच्छा होता यदि दवाई बदलवा देते।"

बच्चों से खिलौना देने की बात कहने की तरह श्यामल बाबू ने ढाढ़स दिलाने के स्वर में कहा, "अच्छा, तो यह बात है? घबराओ मत बेटी, आज ही अच्छी दवाई ले आते हैं।"

स्वाहा ने अच्छी लड़कियों की तरह पानी के साथ दोनों गोलियाँ निगल लीं और मुस्कराते हुए कहा, "रहने दीजिए पिता जी, परेशान मत होइए। यह दवाई खूब काम कर रही है। पहले से मुझे अच्छा लग रहा है।"

श्यामल बाबू ने अब ओंकार की ओर मुड़ते हुए सवाल पूछा, "दरखास्त लिखा? अब देर क्यों? इतनी छोटी-सी सहायता तुम से नहीं हो सकी? समाज से और कौन-सी आशा कर सकते हैं!"

स्वाहा के मुख पर अब नाराजगी का कोई नामोनिशान नहीं है। फिर करुणामयी जननी बनकर वह अपने पिता को करुण-विह्वल दृष्टि से निहार रही है। उसके पिता कितने असहाय हैं!

ओंकार ने सिर झुकाकर कहा, "माफ कीजिएगा, स्वाहा के लिए सचमुच

यदि कोई सुविधा करना चाहते हैं, तो मैंने उस सिलसिले में एक संस्था से बातचीत की है। उससे अच्छी व्यवस्था और कुछ तो हो नहीं सकती।''

श्यामल बाबू ने आग्रह के साथ पूछा, ''कौन-सी व्यवस्था की है? उसमें स्वाहा की मौत कष्टदायक तो नहीं होगी? बेचारी का जीवन तो कष्टमय हुआ ही है, मृत्यु कम-से-कम कष्टमय न हो। वह सुख से, आराम से मरे...''

ओंकार ने तीखे स्वर में कहा, ''मौत नहीं, जीवन की व्यवस्था मैंने की है। स्वाहा वहाँ जीवित रहेगी। स्नेहपूर्ण देख-देख और सेवा-साहचर्य के वातावरण में उसका बाकी का जीवन गुजरेगा। वह जीने की तरह जिएगी। मैं यह वादा करता हूँ।''

अँधेरे कमरे में हल्की-सी रोशनी फैलने की तरह स्वाहा के मुरझाए हुए चेहरे पर आशा की एक क्षीण रेखा चमक उठी। इस धरती पर ऐसी कौन-सी जगह है, जहाँ वह स्नेहपूर्ण देख-रेख और सेवा-साहचर्य के वातावरण में एक मनुष्य की तरह जी सकेगी!

इस छोटे-से घर से वह मुक्त होना चाहती है, अपने माँ-बाप को मुक्त कर देना चाहती है। लेकिन माँ-बाप के अलावा उस जैसी एक पंगु लड़की के लिए इस पृथ्वी पर और कहाँ जगह है! उसे किस दिव्य-लोक में ले जाएगा ओंकार! स्वाहा को ऐसी एक पृथ्वी की आवश्यकता है, जहाँ वह खुद को एक मनुष्य समझेगी। उस पृथ्वी पर उसे जीने की आवश्यकता महसूस होगी। उसके लिए कुछ काम होगा, उसके जीवन का कुछ अर्थ होगा, अपने लिए सब कुछ निरर्थक हो जाने के बावजूद किसी दूसरे के लिए उसके जीवन का कुछ अर्थ होगा। वह पृथ्वी इतनी उदार और विशाल हुई होगी कि जहाँ 'मैं' की संकीर्ण सत्ता को वह खो बैठेगी। अपने जीवन की सारी निरर्थकता, सारी व्यर्थता और अपने छोटे-से 'मैं' की सारी संकीर्णता को वह इस छोटे-से घर में छोड़कर उस विशाल परिसर की ओर उड़ जाएगी। बाग की तितली की तरह काफी हल्के मन से वह मंडराती रहेगी। आकाश से झरी वर्षा की बूँद की तरह वह पृथ्वी के लिए झर जाएगी। वह भूल जाएगी कि कभी उसका एक शरीर था, वह शरीर कभी पंगु हो गया था, एक पंगु शरीर का बोझ ढोते हुए प्रेममय जीवन-पुष्प का अनादर करते हुए वह वर्षों से पड़ी हुई थी। दुःख, शोक, कामना, वासना का उसमें लेश मात्र अंश भी नहीं रहेगा। साथ रह जाएगी केवल सौन्दर्य की एक उदार, विस्तृत अनुभूति। वह पृथ्वी सुन्दर—अतीव सुन्दर होगी। क्योंकि वहाँ नहीं होगा उसका शरीर, उसकी अकर्मण्यता, हीनमन्यता और हताशा। शून्यता के बाग में आत्मा का एक फूल

धीरे-धीरे खिलता रहेगा और उसमें से झरता रहेगा प्रेम का मधु-स्रोत—सारे संसार के लिए, मनुष्य, पशु, पक्षी, कीट, पतंगों के लिए।

ऐसा सोचते समय एक आलोकित निस्तब्धता उस पर व्याप्त होने लगी। वह आलोक स्वाहा की आँखों में नहीं, हृदय में अनुभूत होने लगीं। उस गहरी स्तब्धता में स्वाहा ने अपने-आप से प्रश्न किया, "प्रेम किसे कहते हैं?"

मन की ईर्ष्या, आसक्ति, मोह और कामना में से जो प्यार पनपता है, उसका नाम तो प्रेम नहीं! उसका नाम तो संघर्ष है! मैं और उसके बीच आशा, प्रत्याशा, सुख, ऐश्वर्य व लेन-देन का मोल-भाव रहता है। वैसा प्रेम मनुष्य को क्या आत्मा-पुष्प की सुरभि से सुरभित कर सकता है? आज जिस पुष्प की सुरभि उसकी अनुभूति को स्पर्श कर रही है, वहाँ देह की सत्ता नहीं, 'मैं' नहीं, 'मैं' का मोह नहीं और कामना भी नहीं। उस आत्मा-पुष्प की सुरभि है प्रेम, अनन्त-अक्षय प्रेम।

ओंकार ने स्वाहा के आत्मा-पुष्प के लिए एक बाग की तलाश की है। ओंकार को क्या लाभ? कौन-सी प्रत्याशा? जिसका शरीर गल रहा हो, ऐसी एक लड़की के लिए ओंकार के मन में जिस कोमल निर्यास ने रूप लिया है, जिस मानवीय भाव-धारा का निर्झर बह रहा है, यदि वह प्रेम है, तो इस पार्थिव पृथ्वी पर उसकी कोई परिभाषा नहीं है—यदि कुछ हो भी, तो उसे समझने के लिए मनुष्य कहाँ है?

श्यामल बाबू ने आग्रह के साथ पूछा, "कौन-सी व्यवस्था की है स्वाहा के लिए?" ओंकार ने शान्त स्वर में कहा, "मिशनरी करुणाश्रम में स्वाहा के लिए एक सीट की व्यवस्था की है। मॅदर के साथ सभी विषयों पर चर्चा कर ली है। हर महीने आपको कुछ रुपये भिजवाने होंगे। स्वाहा के लिए घर में जितना खर्चा होता है, उससे बहुत कम खर्चा बैठेगा। इकट्ठे कुछ रुपये जमा कर दें, तो ज़्यादा सहूलियत होगी। चाहे जितने दिनों के लिए हो, स्वाहा आराम से रह सकती है। उसकी सेवा और चिकित्सा में कोई कसर नहीं रहेगी। उसे उसकी इच्छा के अनुसार काम दिया जाएगा। आश्रम के अनाथ बच्चों को स्वाहा गाना सुनाएगी, कहानी सुनाएगी, अक्षर सिखाएगी, सिलाई-कढ़ाई सिखाएगी। वह आश्रम का हिस्सा बनकर रहेगी। हम उसे देख आया करेंगे। फिर आपको उसकी चिंता नहीं रहेगी। उसका समय आराम से गुजरेगा। असल में मौसी उसकी देख-रेख और कब तक कर पाएँगी! उनकी हालत दिन-प्रतिदिन बिगड़ती जा रही है।"

"ओंकार!" श्यामल बाबू ने गंभीर होकर कहा, "रहने दो, अब स्वाहा के

बारे में तुम्हें कभी कुछ नहीं कहूँगा। अनाथाश्रम में छोड़ने की बात होती तो काफी पहले ही हम दोनों ने आत्महत्या कर ली होती। जब जिन्दा हैं, तो मरने तक उसे घसीटते रहेंगे। फिर हमारे बाद उसका जो होना है, सो होगा...।''

पहाड़ पर बादल घिर जाएँ तो जिस तरह सजल, गंभीर दिखाई पड़ता है, श्यामल बाबू का चेहरा वैसा ही तमतमाता हुआ लग रहा है। उन्हें खूब ठेस लगी है इस प्रस्ताव से। लेकिन इससे अच्छा प्रस्ताव स्वाहा के भविष्य के लिए और कुछ नहीं हो सकता। इस बात को श्यामल बाबू समझ नहीं पा रहे हैं, क्योंकि वे पिता हैं। उसकी मृत्यु की जितनी भी कामना क्यों न करें, पर उससे वे अलग होना नहीं चाहते। खुद जीवित रहकर असहाय बेटी को करुणाश्रम में छोड़ देना, बेटी के मृत्यु-शोक से भी अधिक दुःखद है। व्यावहारिक दृष्टि से विचार करते हुए ओंकार ने ऐसा एक प्रस्ताव रखा था। अब उसे खेद है। स्वाहा के मन को ठेस तो नहीं पहुँची है!

स्वाहा एक उदार पृथ्वी के सपने में खो गईं थी और उस पृथ्वी पर सजल मेघ की छाँह पसरी हुई थी। स्वाहा सोच रही थी कि उससे कौन मुक्त होना चाहता है—उसके पिता या ओंकार!

अनुतप्त हो ओंकार ने श्यामल बाबू के साथ कमरे से बाहर आते समय कहा, ''स्वाहा का बाकी जीवन अच्छी तरह बीते, इसके लिए मैं कुछ कम चिन्तित नहीं हूँ। मेरे विचार से जो अच्छा हुआ होता, वही प्रस्ताव रखा था। आपके बाद स्वाहा की देख-भाल अपना मानकर कौन करेगा?''

''तुम नहीं करोगे...? एक लड़की घर के कोने में छीजते हुए मर रही है, इतना याद आते ही सारा काम छोड़कर तुम क्या उसके मुरझाए अधरों में दो बूँद पानी डालने के लिए भागते हुए नहीं आओगे? उसे उतना ही तो चाहिए। जीने के लिए नहीं, मरने के लिए उसे आसरा चाहिए। ओंकार, एक बात मानोगे? यही मेरी आखिरी बात है। इसके बाद मुझे और कुछ नहीं कहना है। तुम न भी मानो, तो मुझे दुःख नहीं होगा। बल्कि इतनी तसल्ली तो मिलेगी कि एक बाप के नाते मैंने आखिरी कोशिश की है। बेटी के प्रति बाप के फर्ज में कोई कोताही नहीं बरती है। इसी तसल्ली के साथ कम-से-कम मैं मर सकूँगा।''

अपनी बेटी के लिए जिस पिता को ओंकार ने काफी निष्ठुर और हृदयहीन समझ रखा था, आज उनके विनम्र अनुरोध से वह विचलित हो उठा। मनुहार-भरे स्वर में कहा, ''स्वाहा के लिए जो अच्छा होगा, उसमें मेरा सहयोग रहेगा। लेकिन आत्महत्या के लिए आवेदन-पत्र लिखने का अनुरोध कृपया मुझसे मत कीजिए।

उसके सिवा और जो भी कहेंगे, ज़रूर करूँगा।"

श्यामल बाबू बरामदे में कुर्सी सरकाकर बैठ गए। ओंकार भी मजबूरन बैठा। श्यामल बाबू ने स्थिर और अविचलित स्वर में कहा, "मेरी मौत से पहले स्वाहा को आत्महत्या करने की दिशा में सहायता पहुँचाना तुम्हारे लिए शायद उचित होगा। उस लड़की में भी जीने का नशा कुछ कम नहीं है! पिछले चौदह वर्षों से वह मौत से जूझ रही है। डाक्टरों का मानना है कि स्वाहा का जीवित रहना चिकित्सा-विज्ञान का एक विस्मय है। कई बार मृत्यु उसके शरीर के नजदीक आकर लौट चुकी है। उसके पंगु शरीर के प्रति मृत्यु का भी कैसा अनादर। पता है कि कल रात क्या हुआ? सीने में काफी दर्द, उसके साथ लगातार उल्टी और साँस की दिक्कत। एक समय आया, जब उसका सारा शरीर नीला पड़ गया। सोचा कि बस, अब खत्म। फोन करें, तो डाक्टर आते ही नहीं। जवाब मिलता, "बेकार क्यों जाएँ? किसी भी समय उसे गुजर जाना चाहिए था। फिर भी काफी दिन जी लिया–दुःख झेला।" रातों-रात जाकर हृदयरोग के विशेषज्ञ को घर से खींच लाया। फौरन इलाज शुरू हुआ। एक ही रात में हजार रुपये का खर्चा हुआ। सुबह स्वाहा नींद से जागने की तरह उठ बैठी। जैसे कुछ हुआ ही न हो। आज तुम्हें कुछ पता चला कि पिछली रात वह यहाँ तक बीमार थी? इस लड़की का मनोबल काफी ऊँचा है। शायद इस मनोबल ने ही उसे जीवित रखा है। डाक्टरों का यही कहना है।"

ओंकार ने सोचा कि स्वाहा की मौत की राह देखने वाले इस हताश पिता ने रातों-रात हजार रुपये का खर्चा करके उसके जीवन को क्यों बचाया? उसके लिए हर महीने इतना खर्चा करते क्यों हैं? श्यामल बाबू के मुँह की बात उनके मन की बात नहीं है। स्वाहा के लिए मृत्यु नहीं, जीवन–एक सहज जीवन की इच्छा लिए वे बेचैन, व्याकुल और चिंतित हैं।

कठोर पहाड़ के हृदय से करुणा की धारा झरती रहती है–श्यामल बाबू की कठोरता, निष्ठुरता और हताशा भरी तीखी बातों से विकल पितृत्व की फल्गु बहती रहती है। ओंकार को उसकी खोज मिल गयी है।

श्यामल बाबू ने ओंकार का हाथ पकड़ लिया, धीमी आवाज में कहा, "तुमसे दो अनुरोध हैं। पहला कि स्वाहा के लिए आत्महत्या का आवेदन-पत्र लिख दोगे, नहीं तो उसकी मौत की जिम्मेदारी लोगे। दोनों में से जो तुम्हें अच्छा लगे चुन लो।"

ओंकार दुविधा में पड़ा रहा। पहले अनुरोध को वह रख नहीं सकता! यह

बात साफ बता दी है। दूसरे अनुरोध का मतलब क्या है?''

श्यामल बाबू ने ओंकार की दुविधा को समझते हुए कहा, ''जीवन के लिए नहीं, मौत के लिए स्वाहा को एक साथी चाहिए, आसरा चाहिए, जो उसकी मौत की जिम्मेदारी लेगा, उसकी मौत तक उसे आसरा देगा। तुम कर पाओगे?''

दुविधा का अवसान नहीं हुआ। फिर भी ओंकार ने ढाढ़स दिलाने के अन्दाज में कहा, ''आप परेशान मत होइए। वचन देता हूँ कि स्वाहा का खयाल रखूँगा।''

''ओंकार, किसी पर मुझे भरोसा नहीं है। चौदह साल के अनुभवों से मैंने समझा है कि भाई, बन्धु, आत्मीय कोई किसी की मौत की जिम्मेदारी लेना नहीं चाहता। स्वाहा की मौत की जिम्मेदारी तुम्हारे सिवा किसी और को सौंपी जा सकती है, इसका मुझे भरोसा नहीं है। तुम स्वाहा से विवाह करोगे?''

विस्मय के अभिभूत ओंकार स्तब्ध और चकित हो श्यामल बाबू को निहार रहा है। उन पर दया आ रही है। मानसिक संकट की पराकाष्ठा में कोई पहुँच न जाए, तो ऐसा प्रस्ताव रख सकता है?

श्यामल बाबू को पता था कि ओंकार से कोई उत्तर नहीं मिलेगा। सहज स्वर में उन्होंने कहा, ''मुझे पागल समझ रहे हो न? सिर्फ पागल ही सच बातें और दिल की बातें साफ-साफ बता सकते हैं।'' ओंकार के पास कोई उत्तर नहीं।

श्यामल बाबू ने कहा, ''विवाह का अर्थ है, विशेष रूप से वहन करना। उसी अर्थ से तुम स्वाहा से विवाह करके उसका भार वहन करोगे। उसका हाथ थामकर मृत्यु तक रास्ता सुझाओगे। जीने के लिए मनुष्य ढूँढता है जीवन-साथी! स्वाहा के लिए सब कुछ उल्टा है। मृत्यु के लिए उसे एक साथी चाहिए। तुम बन सकोगे ओंकार?''

दुःख से खिन्न हो रहा था ओंकार। दमदार लगने वाले लोग जब कमजोर और असहाय नजर आते हैं, तो बहुत खलता है। दुःख के कारण श्यामल बाबू पागल की तरह बतियाने लगे हैं, यह सोचकर स्तब्ध हो उठा था ओंकार।

श्यामल बाबू ने ओंकार का हाथ पकड़ लिया। ओंकार ने रुँधे हुए स्वर में कहा, ''स्वाहा मेरी छोटी बहन है। मैं उससे बेहद प्यार करता हूँ। उस प्यार के अधिकार को लेकर मैं उसके सुख-दुःख का साथी बनूँगा। आप परेशान मत होइए।''

श्यामल बाबू हँस उठे। उदासीनता के साथ कहा, ''इस संसार में भाई-बहन के प्यार के बन्धन को मैंने खूब देखा है, ओंकार! भाई, बहन से प्यार करता है, उसके दुःख से टूटने लगता है, उसे बिसूरने लगता है; लेकिन उसकी जिम्मेदारी

नहीं लेता, उसके दुःख के बोझ को अपने कंधों पर नहीं उठाता, ढोए भी कैसे? उसका भी अपना संसार है, उस संसार का बोझ है, उसकी समस्याएँ उसके लिए भारी हैं। इस संसार में कम-से-कम पति-पत्नी का सम्पर्क थोड़ा-बहुत तो है। मृत्यु के पथ पर एक-दूसरे को सहारा देते हैं। बाकी सारे रिश्ते झूठे हैं। स्वाहा की मौत पर आँसू बहाने वाले इस संसार में बहुत सारे लोग हैं। पास-पड़ोस के सभी एक दिन उसके लिए दो बूँद आँसू टपकाएँगे। मैं जानता हूँ कि उतना तुम भी करोगे। लेकिन मैं कैसे निश्चिन्त होऊँगा? मेरे उपरान्त उसकी मौत वीभत्स, दारुण और भयंकर हो जाएगी, इस आशंका से मैं बेचैन हो उठता हूँ। उसके पास कोई नहीं होगा, आँखों के सामने पानी रखा होगा, भोजन रखा होगा, फिर भी वह उठ नहीं पाती होगी। भूख और प्यास के मारे तड़प उठेगा उसका अर्द्धमृत शरीर। उसकी सड़ी-गली लाश की बदबू उसकी मौत की खबर पहुँचाएगी सबके पास। बताओ कि मेरे बाद स्वाहा का हाल इसके अलावा और क्या हो सकता है?''

श्यामल बाबू की आवाज काँप रही है। ओंकार का शरीर सिहर उठा है एक वीभत्स सत्य की कल्पना से।

श्यामल बाबू संयमित हुए, शान्त हुए, खुद को सँभाल लिया। कहा, ''विवाह से मिलती है सुरक्षा। बड़ी बहन की मृत्यु के बाद स्वाहा उतना खो बैठी है। वह काफी असहाय महसूस कर रही है। मैं चाहता हूँ कि वह जिस साहस और शक्ति के साथ इतने दिनों तक जिन्दा रही, उसी साहस और शक्ति के साथ वह मौत का सामना करे। मैं यह बरदाश्त नहीं कर सकता कि मौत के आने से पहले ही वह भय से, आशंका से तिल-तिल मरे। तुम उससे विवाह करोगे तो कम-से-कम वह समझेगी कि उसकी मृत्यु एक सहज मृत्यु होगी। अँधेरे कमरे में अकेले पड़े-पड़े, भूख और प्यास से छटपटाते हुए उसे मरना नहीं होगा। उसके मन में इतना विश्वास जगाने के लिए तुम्हारी सहायता चाहिए। डॉक्टरों के अनुसार स्वाहा का समय समाप्त हो रहा है। बहुत कम दिनों में समाप्त हो जाएगा स्वाहा का यातनाओं से भरा जीवन। उतने दिनों के लिए तुम्हें नाटक में अभिनय करना होगा। उसकी मौत के बाद तुम विवाह करके सुख से रहोगे। तुम्हारा पूरा जीवन है। भगवान तुम्हें लम्बी उम्र दें।''

ओंकार भौंचक बैठा हुआ है। इस तरह के एक असंभावित प्रस्ताव से वह किंकर्तव्यविमूढ़ हो उठा है। ओंकार स्वाहा से प्यार करता है। जिस तरह वह प्यार करता है बाग के फूलों से, आकाश की निर्मलता से, चाँद की स्निग्धता से और सावन के वर्षा-जल से। जिस तरह वह प्यार करता है ईश्वर से और उनकी बनाई

हुई इस सुन्दर पृथ्वी से। उस प्यार में यह कैसी चौंकाने वाली विडम्बना!

श्यामल बाबू ने फिर से कहा, ''ओंकार! स्वाहा देहविहीन है; लेकिन हृदयहीन नहीं। उसके गल रहे शरीर में स्थित पवित्र हृदय की शाखा में अकलुष आत्मा का जो फूल खिला हुआ है, इस संसार में वह दुर्लभ है। तुम पर स्वाहा की आस्था है। भरोसा है। कुछ दिनों तक अभिनय करते जाओ और उस लड़की को चैन से मरने दो। उसे कम-से-कम यह तो पता चले कि मेरी मृत्यु के बाद वह अकेली नहीं है, बेसहारा नहीं है। तुम उसके भाई बनने की जितनी भी कसम खाओ, लेकिन तुम पर वह भरोसा नहीं रख सकती। संसार के सारे भाई अपनी बहनों के लिए क्या हैं—इसे वह जानती है। ज़्यादा दिनों के लिए कष्ट उठाने की ज़रूरत नहीं पड़ेगी। सोचकर देखो—कुछ ही दिनों के झूठे अभिनय की बात है...''

ओंकार स्थाणु-सा बैठा रहा। हो सकता है कि श्यामल बाबू की बातें सच हों—लेकिन यह कैसा प्रहसन? फिर एक बार संकोच के साथ कहा, ''स्वाहा मेरी बहन है। उसे एक बहन की नजर से शुरू से ही देखता आया हूँ। इस तरह का अभिनय भी मेरे लिए काफी कठिन है।''

श्यामल बाबू ने गम्भीर होकर कहा, ''अब भी तुम उसे उसी नजर से देखो। स्वाहा से विवाह करके तुम्हें क्या मिलेगा? उसकी आत्मा के अलावा और है ही क्या? जहाँ आत्मा के साथ आत्मा का संपर्क है, वहाँ जननी, भगिनी और जाया एक समान हैं। वह सम्पर्क इस पृथ्वी का नहीं है! इस संसार के चार भौतिक-विधान हैं; जैसे—जन्म, मृत्यु, जरा और रोग। आत्मा के साथ आत्मा का जो सम्पर्क है, वह इन चार भौतिक-विधानों से अलग रहता है। उससे तुम्हें कोई हानि नहीं होगी। लेकिन किसी और का लाभ होगा। अब बात यह है कि स्वाहा की मृत्यु के बाद ही तुम विवाह करोगे—इतना त्याग कर नहीं पाओगे? सोच कर देखो, यही मेरा अनुरोध है। यदि हो सके तो आत्महत्या के लिए आवेदन-पत्र लिख दो, नहीं तो थोड़ा-सा अभिनय करो। मेरे दोनों अनुरोधों को ठुकरा दोगे, तो भी मुझे कुछ नहीं कहना है...''

ओंकार मन्त्रमुग्ध-सा सोच रहा था कि हर मनुष्य पशु होता है, और देवता भी। क्या कोई देवता होने के प्रलोभन को टाल सकता है?

तप का अर्थ है सहन करना, सहनशीलता और तप से मानव दिव्य बनता है। पवित्रता, सरलता और ब्रह्मचर्य शारीरिक तप हैं। किसी को कष्ट न पहुँचाते हुए सत्य, प्रिय और कल्याणकारी बातों से दूसरों के हृदय को स्निग्ध बनाना वाचिक शुद्धता और तप है। मन की प्रसन्नता, सौम्य भाव, आत्मसंयम और भावना की

शुद्धता मानसिक तप है। इन सभी प्रकार के तपों को आचरण में लाने वाली स्वाहा ब्रह्मचारिणी है।

इस तरह की एक ब्रह्मचारिणी को लेकर ओंकार को विषम स्थिति में डाल दिया है श्यामल बाबू ने।

स्वाहा की कोठरी में पहुँचने से पहले एक पवित्र और मधुर गीत की स्वर-लहरी से ओंकार की सारी दुविधाएँ मिट गईं।

स्वाहा गुनगुनाते हुए एक गाना गा रही है और अपने दुबले-पतले हाथों से चौखटी पर लगे कपड़े पर ज़री के सुनहले धागे से जगन्नाथ जी के मुख-मण्डल का एक चित्र बना रही है।

अचानक ओंकार को लगा कि स्वाहा किसी से प्रेम करती है। प्रेम करती है, इसलिए हृदय से कोई काम कर रही है। आत्मा का गीत गाते हुए मृत्यु को अमृतमय बनाने का प्रयास कर रही है।

स्वाहा के क्षय हो रहे शरीर से संगीत के इस तरह के स्वर के बह निकलने के पीछे कौन-सा रहस्य है? कौन है वह भाग्यवान परम पुरुष, जिसने स्वाहा की अकलुष आत्मा को स्पर्श किया है। उसकी आत्मा का प्रेम-पात्र बन पाया है? पल-भर के लिए अपने ही आप अनजाने में उस अदृश्य पुरुष के प्रति ईर्ष्या होने लगी ओंकार को। इस विखण्डित देहधारी लड़की की अखण्ड, अविनश्वर आत्मा का प्रेम मिल जाए, तो कोई भी पुरुष ब्रह्मचारी बन जाने के प्रलोभन में आ जाएगा। स्वाहा के आत्मा-पुष्प की सुरभि को ओंकार अपनी आत्मा से सूँघने का प्रयास कर रहा था।

अचानक ओंकार ने पूछा, "स्वाहा, एक बात पूछूँ?"

"पूछो..."

"तुम किससे प्रेम करती हो?"

बड़ी-बड़ी आँखों को उठाते हुए ओंकार को निहारने लगी स्वाहा। निर्मल हँसी से उद्भासित हो उठा मुँह—मुँह से आँखें—समूचा चेहरा। धीरे से पूछा, "तुम्हें कैसे पता चला?"

ओंकार ने कोमल ऊष्मा से गले को मधुर बनाते हुए कहा, "तुम्हारे जीने के अन्दाज से—किसी से प्रेम न हो तो हृदय के साथ कोई इस तरह जी नहीं सकता। इस धरती पर अनगिनत लोग केवल शरीर से जी रहे हैं। उनके मन

और प्राण जड़, मृत, अथर्व हैं। कभी-कभी मैं भी जीवन को एक बोझ मानने लगता हूँ। लेकिन तुम कभी इस तरह सोचती हो, ऐसा मुझे नहीं लगा?''

स्वाहा ने जगन्नाथ की आँखों पर निगाह टिकाते हुए कहा, ''हाँ, मैं प्रेम करती हूँ, प्रेम नहीं किया होता तो मैं आज तक जीवित रह नहीं पाती। उनके प्रेम में फँस जाने के बाद मुझे अनन्त काल तक जीवित रहने की प्रेरणा मिली है।''

ओंकार का हृत्-स्पंदन बढ़ने लगा। किससे प्यार करती है स्वाहा? और कौन-कौन स्वाहा के पास आते हैं? फिर स्वाहा के इतने नजदीक और कौन लोग हैं? पूछूँ कि उसका प्रेमी कौन है? यदि कोई उससे प्रेम करता है, तो वह उससे विवाह क्यों नहीं करता?

स्वाहा यदि कहेगी, ''तुम्हारे सिवा और कौन हो सकता है?'' तो ओंकार खुश होगा कि नहीं? यह अकलुष आत्माधारिणी लड़की भले ही खण्डित शरीर लिए हुए है, फिर भी ओंकार अपना ही नाम सुनेगा तो खुश होगा। क्योंकि, स्वाहा की आत्मा से वह प्रेम करता है, शरीर से नहीं। स्वाहा का सब कुछ देहातीत है, वहाँ कामना और वासना की तनिक भी आशा नहीं। सिर झुकाए ओंकार ने धीमी आवाज में कहा, ''मौसा ने कल मेरे सामने एक नया प्रस्ताव रखा है। सोच रहा हूँ कि वह बात तुम्हें खुलकर बताऊँ या नहीं। मुझ से बहुत जल्दी उत्तर चाहते हैं मौसा।'' तुम्हें यदि बुरा न लगे तो...'' ओंकार को बात खत्म करने नहीं दिया स्वाहा ने। मधुर ढंग से एक फीकी हँसी बिखेर दी। खुलकर कहा, ''प्रस्ताव को मैं जानती हूँ। तुम्हें प्रस्ताव सुनाते समय मैं सब कुछ सुन चुकी हूँ। जान-बूझकर मुझे सुनाई पड़ने लायक ऊँची आवाज में पिताजी ने कहा था। जो बात मुझे जताना ज़रूरी लगे, बरामदे से ही ऊँची आवाज में पिता जी कह दिया करते हैं,...लेकिन...''

''लेकिन क्या?''

''तुम जानते हो कि मैं किसी से प्रेम करती हूँ।''

''वह कौन है?'' ओंकार का हृद्-स्पंदन बढ़ने लगा।

स्वाहा ने ओंकार को निहारते हुए एक खुली हँसी बिखेर दी। कहा, ''जानने से तुम्हें क्या लाभ?''

''कहूँगा कि वे तुम से विवाह करें।'' इतना कहकर ओंकार ने तपाक से उसमें फिर जोड़ दिया, ''कम-से-कम मौसा जिस दृष्टि से विवाह के अर्थ को ले रहे हैं, उस दृष्टि से वे तुम से विवाह करें। मौसा कम-से-कम निश्चित हो जाएँगे।''

''और तुम भी पिताजी से मुक्त हो जाओगे,'' स्वाहा ने इतना जोड़ दिया।

सिर्फ लज्जित नहीं, दुःखी भी हुआ ओंकार। कहा, "मैं तुम से मुक्त होना नहीं चाहता। तुम्हारी बात हमेशा मेरे मन में रहती है। तुम्हारे लिए कुछ करने की सामर्थ्य मुझ में होती, तो मैं उसमें ढिलाई नहीं बरतता। लेकिन मेरा दुर्भाग्य यह कि जब मैं लौटा, तब तक देर हो चुकी थी...।"

ओंकार के तमाम चेहरे पर घने सजल मेघ। स्वाहा समझ गई कि उसने ओंकार को ठेस पहुँचाई है। लेकिन उसकी वैसी इच्छा नहीं थी। किसी को ठेस पहुँचाने से क्या फायदा? लेकिन उसके इस गल रहे शरीर को केन्द्र बनाकर सब में जो दुःख, असहायता और क्षोभ है, वह सब क्या उसके अपने दुःख से ज़्यादा है? पिता उसके बारे में सोच-सोचकर पागल-से हो गए हैं। इसलिए कभी-कभी वे इस तरह का हास्यास्पद वातावरण खड़ा कर लेते हैं। दुःख की वाचालता के कारण उन्होंने जो प्रस्ताव ओंकार के सामने रखा है, उसे ओंकार को क्या सच मान लेना चाहिए? क्या स्वाहा का कोई निजीपन नहीं है—उसकी अपनी कोई राय नहीं है? जीवित रहने के लिए उसे दूसरों का हाथ तकना पड़ रहा है, इसलिए क्या उसका आत्म-सम्मान नहीं है? वह क्या सिर्फ दया की पात्रा है? स्वाहा ने गम्भीर होकर कहा, "ओंकार, कृपया मेरे लिए इतना मत सोचो। मेरे लिए सोचने को कोई और है। उन्होंने मेरी सारी जिम्मेदारी उठा रखी है। मेरी मौत के पथ पर केवल वही साथ देंगे। मौत के लिए यदि मुझे कोई जीवन-साथी चाहिए, तो समझ लो कि मैंने उन्हें वरण कर लिया है। काफी दिनों से उन्हें अपने शरीर, मन, आत्मा को समर्पित कर चुकी हूँ। हमारा विवाह हो चुका है। वे मेरे स्वामी, प्रभु और सब कुछ हैं। पिताजी की व्याकुलता में बहकर तुम यदि मुझ पर दया करते हुए विवाह करोगे, तो मुझे बहुत जल्दी मौत के घाट उतरना होगा..."

"क्यों?" चौंकते हुए पूछा अन्यमना ओंकार ने। स्वाहा ने संवेदना-भरे स्वर में कहा, "पिता जी ने तुम से यही शर्त रखी है। मेरी मौत बहुत जल्दी हो जाएगी। तुम्हें ज़्यादा दिन तक अभिनय करना नहीं पड़ेगा। थोड़े दिन के लिए तुम मुझसे विवाह करके खास मेरी जिम्मेदारी उठाओगे। मेरी मौत बहुत जल्दी हो जाने के बाद तुम फिर से विवाह करके सुखपूर्वक घर बसाओगे। यही तो तुम्हारे साथ पिताजी की शर्त है? ओंकार! मुझे तुमसे बेहद हमदर्दी है। पिता जी से कुछ कह नहीं पा रहे हो, इसलिए तुम एक अवांछनीय और हास्यजनक अभिनय के लिए भी तैयार हो? ओंकार, मैंने जो विवाह किया है, वह अभिनय नहीं, सच है। पिता जी उस बात को जानते नहीं हैं, इसलिए इतना परेशान हो रहे हैं।" स्वाहा अनमना हो गई। दोबारा यह पूछने पर भी कि वह प्रेमी-पुरुष कौन है, स्वाहा ने कोई

उत्तर नहीं दिया। ओंकार ने सोचा कि स्वाहा ने एक ऐसे पुरुष से मन-ही-मन विवाह कर लिया है, जिसका नाम व पता बताने से भी कोई विश्वास नहीं करेगा। हो सकता है कि उन्हें वह तुरन्त श्यामल बाबू के सामने उपस्थित नहीं करा सकती। वह परम प्रेमी पुरुष हो सकता है कि स्वाहा के आस-पास न हो। या फिर हो काफी निकट, उसके कुमारी मन के कल्पनालोक में—जो केवल कल्पना हो—दिवास्वप्न हो!

स्वाहा नीरव-निश्चल हो गई है, उसकी अपनी भावनाओं में उसके हाथ स्थिर होकर रह गये हैं चौखटी के भीतर स्वअंकित जगन्नाथ जी के बंकिम अधरों पर। एक शक्तिहीन क्षोभ और निरीह दुःख से वह निर्वाक हो गई है। उस दुःख और क्षोभ के लिए शब्द कहाँ हैं? उस दुःख को प्रचारित करने के लिए भाषा कहाँ है—उपमा कहाँ है? ओंकार ने कोमलता-भरी सहानुभूति के साथ कहा, "स्वाहा, तुम्हारे वे प्रेमी, प्रभु, स्वामी, जो भी हों, मुझे उनसे ईर्ष्या हो रही है। तुम जैसी तपस्विनी और ब्रह्मचारिणी के हृदय को जिसने जीत लिया है, वह कौन है?" स्वाहा ने अविनश्वरता के रंग से अपने समूचे चेहरे को रंगते हुए कहा, "मेरे स्वामी का नाम सुनोगे तो तुम उनसे ईर्ष्या नहीं करोगे ओंकार, तुम उनसे प्रेम करोगे, भक्ति करोगे। उनके चरणों में खुद को समर्पित कर दोगे। मेरे जो स्वामी हैं, वे सारे जगत के स्वामी हैं। वे हैं विखण्डित और विकलांग जगन्नाथ स्वामी।" ओंकार के चेहरे की ओर नजर उठाते हुए निहारने लगी स्वाहा। गहरे विश्वास से उसकी नजरें और अधिक गहरी हो उठीं।

ओंकार भौंचक हो निहारता रहा। ज़्यादा पढ़-लिख न सकने वाली, हमेशा बीमार रहते हुए घर के एक कोने में बन्दिनी की तरह जीवन बिताने वाली इस लड़की के अन्तर में यह गम्भीर आत्मविश्वास, ये महान दर्शन आए कैसे? उसे तो भगवान पर विश्वास नहीं होना चाहिए, हताश होकर समूचे जगत से विमुख हो जाना चाहिए। लेकिन अनन्त प्रेम की फल्गु को उसके अन्तर में किसने प्रवाहित किया है?

स्वाहा ने जगन्नाथ जी की उन सर्वमय आँखों पर अपनी आँखें स्थिर रखते हुए कहा, "मेरे स्वामी, जगत के स्वामी, जो स्वयं अपने ही स्रष्टा हैं, जो विश्व-ब्रह्माण्ड की सारी सुन्दरता के शिल्पी हैं, वे यदि विखण्डित और विकलांग हैं, तो मैं क्यों अपने विकलांग शरीर के कारण दुःखी होऊँगी? वे यदि बिना पैरों के त्रिभुवन में व्याप्त हैं, वे यदि बिना हाथों के सभी पदार्थो के स्रष्टा हैं, तब मेरा आधा शरीर अचल हो गया हो तो मैं क्यों खुद को पंगु समझूँगी? मेरे हाथ हैं। आँख, कान, मन, मस्तिष्क, आत्मा, भावना सब कुछ है। मेरा शरीर मैं नहीं

और न ही मेरी आत्मा मेरा शरीर है। मेरा एक और असली परिचय है। यह शरीर प्रकृति की एक क्रिया है। मनुष्य का स्थूल शरीर दो कोशों के संयोग से क्रियाशील होता है। एक है प्राणमय कोश और दूसरा अन्नमय कोश। इन दो कोशों की प्रतिक्रिया से जीवन प्रवाहित होता है। शरीरगत प्राणशक्ति पर विजय प्राप्त कर लेने से मनोगत प्राणशक्ति बलशाली होती है। मनोगत प्राणशक्ति बलशाली होने से बीमार और अस्वस्थ होने की अनुभूति शरीर को इतनी पीड़ा नहीं पहुँचाती। काफी दिनों से मेरी शरीरगत प्राणशक्ति दुर्बल हो चुकी है। इसलिए शरीर के साथ मेरा कुछ विशेष सम्पर्क नहीं रहा। जो शरीर मेरा नहीं है, मैं जिस शरीर की नहीं हूँ, यदि वह विकलांग हो गया तो मुझे भय नहीं, मुझे भय है मनोगत मृत्यु से। इसलिए मेरी शरीरगत मृत्यु को लेकर किसी और को चिन्तित नहीं होना चाहिए। कम-से-कम जितने दिनों तक जिन्दा हूँ, मेरी मनोगत मृत्यु न हो, इतनी सहायता कर पाओगे?''

इतनी सारी बातें एकसाथ कह गई स्वाहा। सारी बातें गूढ़ व गम्भीर दर्शन के कारण भव्य थीं। ओंकार के दिमाग में इनमें से कुछ भी घुस नहीं रहा था। विश्वविद्यालय की सर्वोच्च शिक्षा समाप्त करके, वर्षानुवर्ष शोध करके, पृथ्वी के ढेर सारे देशों का भ्रमण करके अपनी अनुभूति की सीमा को बढ़ाकर भी आज इस कम पढ़ी-लिखी लड़की के जीवन-दर्शन के आगे अबोध बन गया। कौन हैं इस लड़की के गुरु—कौन हैं इसके ज्ञानदाता? इच्छा हो रही थी कि स्वाहा की चरण-धूलि ले, उसे गुरु बनाए। किन्तु पग-विहीन प्रभु जगन्नाथ की तरह स्वाहा पैरों तक एक लम्बा गाउन ओढ़े लेटी हुई है। उसके दोनों सुन्दर पैर अब पैर जैसे नहीं रह गए हैं। सूखी लकड़ी की तरह वे अस्थिमय, जड़ और स्पर्शहीन हो गए हैं। ओंकार ने सोचा कि स्वाहा के गुरु जी की चरण-धूलि लेकर माथे से लगाए। इधर-उधर निहारने लगा ओंकार। कौन हैं स्वाहा के दिव्य-ज्ञान के गुरु? स्वाहा की आँखों के सामने दीवाल पर टंगी हुई है सुनहली और रुपहली ज़री के धागों से अंकित जगन्नाथ जी के मुख-मण्डल की छवि। स्वाहा के अपने हाथों से अंकित छवि। स्वाहा के अपने हाथों से अंकित छवि से जगन्नाथ जी की दोनों प्रेममयी विशाल आँखें स्वाहा को एकटक निहार रही हैं। स्वाहा की चारपाई के चारों ओर दीवारों में बनी हुई हैं अलमारियाँ। अलमारियों में हैं हिन्दी, अंग्रेजी, बंगला और उड़िया के अनेक ग्रन्थ। कविता, कहानी, निबन्ध, वेद, उपनिषद्, गीता, बाइबिल, महाभारत, रामायण आदि कई प्रकार के ग्रन्थों से स्वाहा की लाइब्रेरी भरपूर है। गाँधी, विवेकानन्द, अरविंद, रामकृष्ण आदि मनीषियों के

कई ग्रन्थों का स्वाहा ने अध्ययन किया है और उन सभी ग्रन्थों के दर्शन को महसूस किया है अपनी हृदयानुभूति के हर स्पन्दन में।

उम्र कम होने के बावजूद जीवन की तीखी अनुभूतियों ने स्वाहा को काफी उन्नत बना दिया है। देह की अधीनता से स्वाहा मुक्त हो गई। स्वाहा अपने शरीर को इस तरह निर्लिप्त ढंग से बिछाए रहती है, जैसे वह उसका अपना शरीर न हो—कोई एक बाहरी चीज हो। उस बेकार हो चुके शरीर को स्वाहा से अलग कर भी दिया जाए, तो भी वह जीवित रह सकती है। मानो स्वाहा के लिए उसके शरीर का कोई अस्तित्व न रह गया हो।

स्वाहा की शरीरगत निर्लिप्तता ने धीरे-धीरे उसके शरीर और मन को विभाजित कर दिया है। स्वाहा की मनोमय सत्ता, उसकी देहमय सत्ता की भूख-प्यास, रोग-शोक को इस तरह अनुभव करती है, जैसे वह अनुभव किसी और व्यक्ति का हो। जैसे वह शरीर, उस शरीर की लगातार बीमारी, पंगु हो जाने की स्थिति किसी और व्यक्ति की हो। दूसरे आदमी के शरीर, शरीर की पीड़ा के लिए मन में जितनी भावना स्वाभाविक है, अपने बारे में स्वाहा की उतनी ही भावना रहती है।

लिप्तता से मुक्ति और मोहमुक्तता के कारण जितना शारीरिक कष्ट इस परिस्थिति में उसे भोगना चाहिए था, उतना वास्तव में वह भोग नहीं रही है।

यह लड़की शरीर से नहीं, आत्मा से जी रही है। फिर भी श्यामल बाबू उसकी आत्महत्या की दरखास्त लिखवाने के लिए व्याकुल हैं। आत्महत्या सम्भव है, लेकिन आत्मा की हत्या क्या सम्भव है? जीवन एक अनन्त प्रवाह है, आत्मा अविनश्वर। स्वाहा को देखकर इस बात को अनुभव कर सका ओंकार और स्वाहा के खण्डित शरीर पर आधारित अखण्ड अविनश्वर आत्मा को प्रणाम करते हुए बाहर निकल आया।

बाहर के बरामदे में ओंकार का हाथ पकड़ लिया श्यामल बाबू ने। कहा, "एक अनुरोध है, मानोगे?"

फिर कौन-सा अनुरोध करेंगे श्यामल बाबू? बेटी के लिए उनकी बेचैनी की जिस तरह कोई सीमा नहीं है, ओंकार के सामने निस्संकोच अनुरोध की भी उस तरह कोई सीमा नहीं है।

ओंकार ने गम्भीर आवाज में कहा, "कहिए।"

"स्वाहा के लिए अब आत्महत्या का दरखास्त लिखना नहीं। अब तक समझ रखा था कि वह शरीर से जी रही है। आज पता चला कि वह आत्मा से जी

रही है। उसका शरीर अब उसका शरीर बनकर नहीं रह गया है। शरीर की अधीनता से खुद मुक्त हो गई है बेचारी! सोच रहा हूँ कि अब कौन-सा दरखास्त लिखोगे तुम? आत्मा की हत्या क्या सम्भव है?"

ओंकार ने आग्रह भरे स्वर में कहा, "आप के दूसरे अनुरोध को भी रखने की ज़रूरत नहीं पड़ी। स्वाहा विवाहिता है—अपने जीवन का विशेष भार उसने जिसे सौंपा है, उनसे ज़्यादा और कौन क्या कर सकता है?" श्यामल बाबू ने विमल हँसी फैलाते हुए कहा, "उसे भी मैंने सुन लिया। उसके आत्मसमर्पण की कथा भी सुन ली। इसके अलावा उसके पास और चारा भी क्या था? दुःख-दर्द में सचमुच मनुष्य कभी-कभी नास्तिक हो उठता है। सोचता है कि ईश्वर नाम की कोई चीज है नहीं। धर्म-अधर्म कुछ भी नहीं है। मैं भी वैसा ही सोचता था। सोचता था कि स्वाहा जैसी एक निष्पाप लड़की का प्रारब्ध ऐसा हो नहीं सकता, जिसके लिए उसे समूचा जीवन अपाहिज बनकर गुजारना पड़े। सोचता था कि ईश्वर झूठ है। इससे दुःख कुछ कम नहीं हुआ, बल्कि धीरे-धीरे बढ़ने लगा। दुःख के साथ ग्लानि के मिल जाने से दुःख यातना में बेदलने लगा। उस समय समझ पाया कि इस नास्तिकता का असली अर्थ ईश्वर के प्रति असीम उपालम्भ है। मनुष्य उपालम्भ किसे देता है? जो निहायत अपना है, उसे ही तो! धीरे-धीरे ग्लानि, अस्थिरता सब शान्त हो गईं। रह गया सिर्फ क्षोभ भरा उपालम्भ, जिसका अर्थ है, 'मुझे दुःख देने से तुझे यदि आनन्द मिलता हो, तो जितना चाहे दुःख दे! मेरा चारा भी क्या है!' एक अदृश्य शक्ति ही सब को नियन्त्रित करती है, मनुष्य केवल निमित्त मात्र है—इतना सोचने के बाद वास्तव में दुःख फिर दुःसह नहीं लगा। फिर भी माँ-बाप का हृदय सभी तर्क, ज्ञान और तत्त्वों को हटाते हुए 'मेरा बच्चा' से चिपका रहता है—दुःख पाता है—वाचाल बन जाता है।"

श्यामल बाबू ही स्वाहा को विश्वात्मा को अनुभव करने का रास्ता दिखाते आए हैं। उस छोटी-सी अँधेरी कोठरी में आलोक की एक रेखा नहीं जलती रहती, तो स्वाहा क्या चौदह वर्षों तक एक ही खाट पर जिन्दा रह पाती और जिन्दा रह पाती एक अनूठी शैली में?

श्यामल बाबू स्वाहा के पास बैठकर ग्रन्थों की आलोचना करते। कहते कि "मैं" की जगह ईश्वर को रखा जाए, तो मनुष्य का कोई भी दुःख नहीं रहता। हमारे मन, प्राण, देह और सारे अवयवों का अर्थ वह चिरन्तन सत्ता बिलकुल नहीं है। मनुष्य "मैं" की जगह अहम् को रखता है, तो सभी प्रकार के दुःखों को झेलता है और खुद को निम्नतर अस्तित्व के साथ एक रूप-सा अनुभव करता

है। तेरा शरीर पंगु हो गया है। यह तेरा दुःख है। "मैं" की जगह ईश्वर को रखेगी, तो तू अनुभव करेगी कि ईश्वर तेरे अन्दर रहते हुए खुद दुःख झेल रहे हैं–उसमें तेरा कोई दुःख नहीं है, क्योंकि मनुष्य की यथार्थ आत्मसत्ता कभी भी एक अन्नमय, मनोमय व्यक्तिसत्ता नहीं है। वह केवल एक चित्रकल्प है। एक अनन्त और शाश्वत सत्ता ही मनुष्य की यथार्थ आत्मसत्ता है। परमात्मा-सत्ता और प्रत्येक व्यक्ति सत्ता एक और अभिन्न है। वह परमात्मा-सत्ता मनुष्य की आत्म-चेतना के अन्दर होते हुए भी लिप्तता और अहंप्रवणता के कारण अनुभव को स्पर्श करती नहीं है। जब सभी अस्तित्वों की सीमाओं को पार करके मनुष्य परमसत्ता को अनुभव करता है, तब मनुष्य सुख, दुःख, रोग व बुढ़ापे से ऊपर उठ जाता है।

पिताजी की बातों को स्वाहा मन लगाकर सुनती। शुद्ध चित्त से अनुभव करती, दुःखों को पार करने का प्रयास करती। फिर भी, कुछ ही पल पहले बेटी के पास महान गुरु बने श्यामल बाबू बाहर आकर आँसू पोंछते! उसाँसों के जरिए उगल डालते हृदय के सभी उपालंभों को। कहते, "प्रभु! आखिर तेरी यही इच्छा थी।"

वसुधा चुपचाप आँखों में आँसू लिए सोचतीं कि यह प्रचण्ड पुरुष कितने कमजोर और असहाय हो जाते हैं बेटी की बातें सोचते हुए।

ओंकार चुपचाप सुन रहा था श्यामल बाबू की बातें। स्वाहा में आध्यात्मिक भावधारा को प्रवाहित करने वाले श्यामल बाबू को मन-ही-मन प्रणाम कर रहा था।

अचानक उसके समूचे भावावेश पर तीव्र प्रहार करते हुए श्यामल बाबू ने कहा, "स्वाहा ने ईश्वर पर अपना विशेष भार अर्पित किया है। उन्हें स्वामी मान लिया है। यह सच है कि वही प्रभु उसकी मृत्यु की जिम्मेदारी उठाएँगे; लेकिन यह भी सच है कि मेरी मृत्यु के बाद ईश्वर शरीर धारण करके स्वाहा के सिरहाने बैठे नहीं रहेंगे, उसके मुख में पानी नहीं डालेंगे, उसके दैनंदिन कार्य में सहायता नहीं पहुँचाएँगे। ईश्वर उसके आस-पास रहेंगे। मेरी बेटी प्यास के मारे छटपटाते हुए जान गँवाएगी। स्वाहा का यही होने वाला है। क्या यह सच नहीं है?"

ओंकार के पास कोई उत्तर नहीं।

श्यामल बाबू ने ओंकार का हाथ पकड़कर कहा, "एक अनुरोध है..."

फिर से कौन-सा अनुरोध? विचलित हो उठा ओंकार। श्यामल बाबू ने कहा, "मुझे स्वार्थी समझ सकते हो; लेकिन मेरा अनुरोध है कि तुम स्वाहा की मृत्यु से पहले विवाह नहीं करोगे। क्योंकि यदि विवाह कर लोगे, तो तुम इतना समय

और आन्तरिकता स्वाहा को दे नहीं पाओगे। मैं जानता हूँ कि तुम्हारी स्त्री भले ही देवी होगी, फिर भी स्वाहा के पास तुम्हारा इतना आना-जाना उसे सुहाएगा नहीं। क्योंकि तुम पुरुष हो और स्वाहा एक स्त्री है। हमारे घर में तुम जो ज़्यादातर आते हो, जानते हो कि उसे आस-पड़ोस की स्त्रियाँ किस नजर से देखती हैं? खैर! एक स्त्री के कंकाल के पास यदि कोई पुरुष ज़्यादा देर तक ठहर जाता है, तब वहाँ भी रिश्ता गलत के सिवा अच्छा हो नहीं सकता। मरी हुई स्त्री के हाथों को कोई पुरुष छू ले, तो भी वे दोनों हाथ असती हो जाते हैं। चरित्रहीन हो जाते हैं। समझे ओंकार; तुम आजकल हमारे मुहल्ले की चर्चा का विषय बन चुके हो।''

बड़े खेद के साथ हँसने लगे श्यामल बाबू। ओंकार भौंचक रह गया। बोझिल मन से विदा लेते हुए उसने वचन दिया, ''आप के इस अनुरोध को रखूँगा, ज़रूर रखूँगा।''

आबद्ध होने के बाद भी स्थिर, निर्मल सरोवर में जिस तरह आकाश का प्रतिबिम्ब साफ दिखाई पड़ता है, उस तरह पंगु हो जाने के बाद भी स्वाहा की शुद्ध, निर्लिप्त भावना में परमेश्वर प्रतिबिम्बित होते हैं। उस प्रतिबिम्ब की प्रतिच्छवि स्वाहा के बेदाग चेहरे पर प्रतिफलित होती है।

आफिस जाते समय स्वाहा के वहाँ से होते हुए ओंकार गया। पिछली रात स्वाहा की हालत काफी गम्भीर हो गई थी। एक किताब लेकर स्वाहा गुनगुनाते हुए पढ़ रही थी, ''ब्रह्म की स्थिति मैं हूँ, अनन्त-अखण्ड सुख का आश्रय मैं हूँ, अविनाशी मुक्ति का स्वरूप मैं हूँ...''

स्वाहा का मुक्ति-दिवस निकटतर होता आ रहा है। उसके जीवन की टिमटिमाती दीप-शिखा इस पल जलती है तो अगले पल बुझने को होती है; लेकिन जलती रहती है—बुझने को होते हुए भी बुझती नहीं है।

स्वाहा धीरे-धीरे छीजती रहती, विदा होने के ढेर सारे लक्षण नजर आते ओंकार को। लेकिन स्वाहा में जीवन का असीम उत्साह है। वहाँ हर दिन मिलन का दिन है; विदा का नामोनिशान नहीं है उसके मुस्कान भरे सुन्दर, सतेज मुख-मण्डल पर। स्वस्थ होने के बाद पिताजी बीच-बीच में गाँव चले जाते हैं। ओंकार के विवाह को लेकर वे चिन्तित हैं। कई जगहों से प्रस्ताव आए हैं। ओंकार ने भी तय किया था कि घर बसा लेगा। लेकिन उस विचार को अब

रोक दिया है। पिता जी को कुछ भी कह कर सारे प्रस्तावों को मना कर दिया है। हो सकता है कि अपनी मन मुताबिक जगह कुछ दिन इन्तज़ार करने के लिए वह कह सकता था। लेकिन कुछ दिनों का मतलब कितने दिन? स्वाहा के मृत्यु-दिवस को क्या वह तय कर सकता है? यदि तय भी कर ले तो कोई लड़की क्यों ओंकार के इंतजार में बैठी रहेगी? उसके विवाह के साथ स्वाहा की मौत को श्यामल बाबू ने इस तरह उलझा दिया है कि विवाह की बात सोचते ही एक तरह की पीड़ा होने लगती है ओंकार को। स्वाहा की मृत्यु को निकट जानते हुए भी विवाह की योजना मन में आने से लगता जैसे उसने अपराध किया हो—वह स्वाहा की मृत्यु की कामना कर रहा हो। ओंकार यही कामना करता कि स्वाहा जीवित रहे—भग्न शरीर को लेकर वह अविनश्वरता के चित्रपट की तरह पड़ी रहे। विखण्डित, गलित, भग्न देहांश के दीपक में उसकी आत्मा की शिखा जलती रहे—प्रेम, स्नेह, करुणा और उदारता से सभी को आलोकित करती रहे।

ऑफिस से लौटकर शाम को स्वाहा के पास पहुँचा ओंकार। स्वाहा लेटे-लेटे एक केक काट रही है। ओंकार को देखकर कहा, ''सुबह तुम मुझसे बिना मिले बाहर से ही चले गए। मैं पढ़ रही थी, तुम्हारे आने का पता ही न चला, सोचा था कि शाम को फिर नहीं आओगे। अच्छा हुआ कि तुम आए। आज मेरा जन्म-दिन है। अन्दर आओ, केक लो, मैंने खुद बनाया है यहीं लेटे-लेटे, ''उल्लसित होकर स्वाहा ने कहा और केक का एक बड़ा-सा टुकड़ा ओंकार के हाथ में रख दिया। ओंकार भौंचक निहारता रहा। स्वाहा अपना जन्म-दिन मना रही है।

वसुधा एक तश्तरी में प्रसाद ले आई। थोड़ा-सा सिन्दूर लगा दिया ओंकार के गले में; कहा, ''स्वाहा के जन्म-दिन पर मन्दिर जाकर प्रसाद चढ़ाया था''—उनका गला रुँध आया। श्यामल बाबू ने उसी पुराने ढंग से चौखट के पास खड़े होकर कहा, ''कल रात की जो हालत थी, अब तक अंत्येष्टि खत्म हो चुकी होती, तथापि खुद केक बनाकर वह अपना जन्म-दिन मना रही है। मैं कह देता हूँ कि अब स्वाहा का कुछ नहीं होगा। वह काफी दिनों तक जिएगी। सिर्फ बात रही तकलीफ झेलने की! उसे जब बरदाश्त कर नहीं पाता हूँ, तब ईश्वर को पुकारता हूँ कि प्रभु, मेरी बिटिया को अपने पास ले जाओ...''

श्यामल बाबू बात खत्म करके सांध्य-भ्रमण में चले गए। ओंकार ने केक खाया। शिष्टाचार के तौर पर शुभेच्छा देते हुए यह नहीं कह सका, ''तुम्हारे लिए यह शुभ दिन बार-बार आए, विश यू मेनि हैपि रिटॅनर्स।'' उसे पता है कि स्वाहा

का जन्म-दिन फिर शायद ही आए, यदि आ भी गया तो वह दिन सुखद बनकर नहीं आएगा। स्वाहा के जीवन का सुख सिर्फ उसकी अपनी आत्मा और आत्मा का आनन्द ही है। वह आनन्द किसी और लोक की बात है। पार्थिव जगत का सुख स्वाहा से बहुत दूर है।

केक खाकर ओंकार ने कहा, ''तुमने अपने हाथों से काफी अच्छा केक बनाया है। पता नहीं था कि तुम इतना सुन्दर केक बनाती हो।''

स्वाहा ने मुस्कुराते हुए कहा, ''सिर्फ केक नहीं, यहीं बैठे-बैठे मैं टिकिया बनाती थी, सब्जी छीलती थी, रोज़ का मेन्यू बनाती थी। हालाँकि आजकल इतना कर नहीं पाती हूँ। न उठ सकें तो ढेर सारा काम करते नहीं बनता है। फिर भी, दोनों हाथ काम करने को बेचैन हो उठते हैं।''

ओंकार ने कहा, ''तुम लेटे-लेटे जितना पढ़ती हो, जितना ज्ञान अर्जन करती हो, उतना विश्वविद्यालय के छात्र-छात्रा भी करते नहीं हैं। यहीं लेटे-लेटे तुम घर को जिस तरह सजाती हो, बुनाई-कढ़ाई करके जितनी चीजें बनाती हो, स्वेटर बनाकर जितने लोगों को पहनने के लिए देती हो और जिस तरह सोच-समझ कर स्वादिष्ट-स्वास्थ्यकर भोजन का मेन्यू बनाती हो, उतना कोई गृहिणी भी नहीं करती। औरों के दुःख-दर्द से तुम्हारा हृदय जितना पिघलता है, उतना अनेक साधु, महापुरुष, नेता और देशवासियों में भी देखने को नहीं मिलता। स्वाहा! तुम देवी हो—एक मानवी हुई होती, तो यह संभव नहीं होता।''

स्वाहा ने मुस्कराते हुए कहा, ''मैं नहीं, देवी तुम्हारे सामने आज पहुँची है। इस बीच माँ इतनी कमजोर हो गई कि देवी को पिताजी ने बुलवा लिया है मेरी सेवा करने के लिए। जहाँ, जिसके घर कोई बीमार पड़ता है, देवी के पास बुलाया जाता है। एक सेविका के नाते देवी का काफी नाम है। नर्स की ट्रेनिंग लिए बिना ही वह अच्छे ढंग से एक अस्पताल की ड्यूटी निभा लेती है। पिताजी की इच्छा है कि यदि अन्त तक देवी का विवाह हो नहीं पाता है, तो उसे काम देने के लिए वे जरूर एक दातव्य चिकित्सालय खोलेंगे।'' स्वाहा खुशी से मुस्करा उठी।

देवी नाम की लड़की ओंकार को प्रणाम करके स्वाहा के पास खड़ी हुई। दवा निकाल कर उसे पिला दी। हड़बड़ी में फिर लौट गई रसोई की ओर। स्वाहा ने फिर मुस्कराते हुए कहा, ''देवी जितने दिनों तक यहाँ रहती है, खाना खुद पकाती है! देवी मेरी मौसी की ननद की बेटी है। बी.ए. पास है। आगे पढ़ नहीं पाई। तीन साल से घर में बैठी है, न नौकरी मिलती है, न दूल्हा। अब घूमते

हुए स्वेच्छा से सेवा-कार्य कर रही है।'' देवी एक प्याली कॉफी ओंकार की ओर बढ़ाते हुए स्वाहा के सिरहाने रखी कुर्सी पर ओंकार की ओर मुँह किए बैठी।

देवी एक साँवली लड़की है। सहसा देखने से एक मामूली चेहरे वाली लड़की नजर आती है। पर उसका चेहरा और आँखें अपूर्व हैं। कृष्ण नगर की मृण्मय देवी के मुख-मण्डल की तरह बेदाग बनावट, आँखों में बुद्धि-दीप्त उज्ज्वल निगाह, घने केश, सुतीक्ष्ण कोमल नासिका, क्षीण गुलाबी अधर, उज्ज्वल चेहरे की कोमल-मसृण त्वचा। मानो विधाता ने किसी मूर्ति के मुखमण्डल को तराशा हो। देवी की चाल-ढाल, रंग-ढंग और भाव-भंगिमा में न कोई कृत्रिमता है, न अनावश्यक शर्म-संकोच। देवी बैठ जाती है, फिर उठ जाती है, कुछ तो करती रहती है, तथापि अनावश्यक व्यस्तता उसमें नहीं है। जैसे कोई मूर्ति चल-फिर रही हो। श्यामल बाबू के घर में स्वाहा के सम्पर्क में आने वाले सभी एक-एक असाधारण चरित्र हैं।

ओंकार को देवी बहुत अच्छी लगी। पहली भेंट में ही लगा कि देवी सचमुच एक देवी प्रतिमा है।

देवी जब दोबारा रसोई में गई, तो स्वाहा ने कहा, ''काफी जगह विवाह तय होता है। काफी अच्छे पात्र देवी को पसन्द भी करते हैं। लेकिन अन्त में रिश्ते टूट जाते हैं दहेज को लेकर। देवी के पिता गाँव के स्कूल में शिक्षक हैं। देवी से छोटी और चार बहन हैं। सभी पढ़ रही हैं। देवी ने अब पूरी तरह विवाह से मुँह मोड़ लिया है। उसकी इच्छा है कि रोज़गार की कुछेक व्यवस्था हो जाती तो वह अभाव से पीड़ित अपने पिता के पास काबिल बनकर खड़ी होती। भाई-बहनों को योग्य बनाती। सभी बच्चे पढ़ने में तेज हैं। देवी भी काफी अच्छी छात्रा है। एम॰ए॰ की पढ़ाई के लिए शहर के हॉस्टल में रहना पड़ेगा। इतने रुपये आएँगे कहाँ से। देवी के छोटे भाई को मिर्गी की बीमारी है। तबीयत ज़्यादा खराब हो जाए तो हमारे यहाँ आकर इलाज कराते हैं। तुमने उसे देखा है। ओंकार! देवी की नौकरी की बात ध्यान में रहे। इस बीच वह टाइप और स्टेनॉग्राफी भी सीख चुकी है। किसी भी प्राइवेट फर्म में उसके पिता जी नौकरी करवाना नहीं चाहते। आजकल जमाना खराब है। इसके अलावा इतनी कम तनखा देते हैं कि शहर में गुजारा करना तो छोड़ो, उससे रिक्शे का किराया भी पूरा नहीं हो पाता है। बेचारी काफी बेचैनी से दिन गुजार रही है।''

देवी फिर आई। स्वाहा चुप हो गई। देवी के लिए सहानुभूति की एक लम्बी साँस कमरे में घुल-सी गई। ओंकार ने देवी की ओर एक स्नेहपूर्ण नजर डालते हुए स्वाहा

से कहा, "तुम्हारी बात याद रहेगी। ज़रूर कोशिश करूँगा, मुझसे जितना बन सके।"

देवी ने कहा, "दीदी, रजाक आया है। मौसा से बातचीत कर रहा है।"

एक खूबसूरत युवक कमरे में दाखिल हुआ। उम्र बाईस-तेईस होगी। आँखों पर नीला चश्मा। स्वाहा के पास कुर्सी पर बैठा घर वालों की तरह। हाथ में एक गुलदस्ता। स्वाहा ने उससे गुलदस्ता लिया। मुस्कराते हुए कहा, "बहुत बढ़िया बना है, लगता है कि तू मेरा जन्म-दिन कभी नहीं भूलेगा।" रजाक नामधारी युवक ने कहा, "तुम क्या मेरा जन्म-दिन भूलती हो कभी? माँ ने तुम्हारे लिए पीर साहब के पास प्रसाद चढ़ाया था, लो"—रजाक ने जेब से कागज की एक पुड़िया निकाली। स्वाहा के हाथ में रख दिया। स्वाहा ने खुद खाया, आँखें मूँदकर पल-भर के लिए ध्यानस्थ हुई, फिर ओंकार को थोड़ा-सा प्रसाद दिया। प्यार-भरी आवाज में कहा, "रजाक, ओंकार भाई से तेरी कभी भेंट नहीं हुई—लेकिन वे तेरे लिए अपरिचित तो नहीं हैं!"

रजाक ने हाथ जोड़कर प्रणाम किया।

ओंकार ने प्रति नमस्कार करते हुए कहा, "मुझसे परिचय कहाँ हुआ?"

"दीदी से सुन-सुनकर मैं आपको खूब जानने लगा हूँ। आप से मिलने की बड़ी इच्छा थी," रजाक ने खुश होकर कहा।

"अच्छा हुआ कि आज स्वाहा के जन्मदिन पर भेंट हो गई," ओंकार ने कहा।

"भेंट तो हुई, लेकिन मैं आपको देख नहीं पा रहा हूँ," रजाक ने कहा।

ओंकार अब तक सोच रहा था कि शायद रजाक की आँखों में फिलहाल दर्द हो और काला चश्मा पहनने के लिए डॉक्टर ने कहा हो। रजाक की बातें सुनकर वह हैरत में नहीं पड़ा। ठेस-सी लगी। यह उदीयमान युवक अन्धा है, यह बात किसी को भी ठेस पहुँचा सकती है। वह नीरव सहानुभूति से चुपचाप रजाक को निहारता रहा।

रजाक, ओंकार की नीरवता का अर्थ समझ गया। चेहरे पर मुस्कान लाते हुए कहा, "आप मेरे लिए दुःखी हैं क्या? यह सच है कि मैं चक्षुविहीन हूँ लेकिन दृष्टिविहीन नहीं हूँ। आँखें न होते हुए भी मैं ढेर सारी चीजें देख पाता हूँ।" ओंकार इस बात का अर्थ समझ नहीं सका, वह विस्मित हो उसी तरह निहारता रहा रजाक को।

रजाक ने मुस्कारते हुए कहा, "मेरी आँखें नहीं हैं तो क्या हुआ? मेरी दीदी की तो आँखें हैं? उसकी आँखों से मैं सारी दुनिया को देखता हूँ। सिर्फ दुःख

इतना है कि मैं अपनी दीदी को देख नहीं पाता हूँ। अल्लाह से दुआ माँगता हूँ कि पल-भर के लिए मेरी आँखें लौट आतीं, तो स्वाहा दीदी को एक बार देखता, देवी के दर्शन करता। ओंकार भैया, आप शायद जानते नहीं हैं कि स्वाहा दीदी मेरे लिए क्या हैं। वे मेरे जीवन में न आई होतीं, तो मैं सड़क पर भटकते हुए भीख माँग रहा होता। जितनी भीख माँगी है, मैं उसका दुःख जानता हूँ। चक्षुहीन होने की तुलना में चक्षुहीनता को प्रदर्शित करते हुए दया की भीख माँगना ज़्यादा दुःखद है।'' रजाक अतीत की दारुण स्मृतियों में खो जाने के कारण नीरव हो गया।

ओंकार रजाक के बारे में सोच नहीं रहा था। सोच रहा था स्वाहा के बारे में। अपने बारे में स्वाहा कभी कुछ नहीं कहती, फिर भी सारी दुनिया के लोगों के लिए स्वाहा का जो प्रेम है, उसका प्रत्यक्ष उदाहरण उज्ज्वल और ज्योतिर्मय है। दिन-प्रतिदिन छीजती जा रही स्वाहा के दिल में लोगों के लिए, पशु-पक्षियों के लिए, पेड़-पौधों के लिए यह जो अक्षय प्रेम है, वह आता कहाँ से है?

श्यामल बाबू ओंकार के पास आकर बैठे। कहा, ''रजाक मेरा एक बेटा है। स्वाहा के कारण मेरे इस तरह के कई बेटे और बेटियाँ हैं। मेरे अपने बच्चे भले ही विदेश में रह गए, लेकिन ये मेरे पास हैं। दुःख-दर्द में आ पहुँचते हैं।''

देवी ने घोषणा की, ''रात का भोजन तैयार है और स्वाहा के जन्मदिन के मौके पर ओंकार व रजाक रात्रि-भोजन करके ही जाएँगे।''

एक ही मेज पर रजाक, ओंकार और श्यामल बाबू खाना खाने बैठे। ओंकार को लगा कि स्वाहा के अक्षय प्रेम के कारण श्यामल बाबू का घर सर्वधर्म समन्वय पीठ बन गया है। श्यामल बाबू के घर के पहले के सभी कायदे-कानून बदल चुके हैं।

देवी बड़ी सावधानी से खाना परोस रही थी। वसुधा ने कहा, ''आज सब कुछ देवी ने बनाया है। देवी आती है, तो घर में सबका वजन थोड़ा-बहुत बढ़ जाता है।''

ओंकार भी देवी के हाथ का खाना खाते समय महसूस कर रहा था कि गाँव से आया हुआ वह रसोइया आजकल बिल्कुल अखाद्य परोस रहा है। उसके हाथ का खाना ज़्यादा दिन तक खाते नहीं बनेगा। लेकिन देवी की तरह अमृत परोसने वाला एक रसोइया उसे मिलेगा कहाँ से?

स्वाहा अस्पताल से लौटी हुई थी, रजाक से उसकी मुलाकात होती है झरोखे के रास्ते से। रजाक की उम्र उस समय सिर्फ आठ साल। घर मुसलमानों की बस्ती में है। पिता दर्जी की दुकान में काम करता है। पाँच बच्चों की गृहस्थी के लिए उसकी आमदनी काफी न थी, फिर भी बड़े बेटे रजाक को स्कूल में दाखिल किया था। रजाक पढ़ रहा था चौथी जमात में। पढ़ाई में काफी दिलचस्पी थी। अचानक दीपावली के दिन आतिशबाजी के एक हादसे में उसकी दोनों आँखें बैठ गईं। फिर रजाक ने स्कूल छोड़ दिया, भीख माँगना शुरू कर दिया। हमारे देश के ज़्यादातर अन्धे लोगों का यही तो एक पेशा है। झरोखे में हाथ फैला कर वह भीख माँगता था। स्वाहा से उसकी दोस्ती हो गई इसी झरोखे के मार्ग से। उस परिवार के सुख-दुःख से स्वाहा एकाकार हो गई।

एक दिन स्वाहा का गाना झरोखे से सुन रहा था बालक रजाक। डरते हुए धीरे से कहा, ''दीदी, मुझे थोड़ा गाना सिखा सकती हो? सुना है कि अन्धे गाना गाते हुए भीख माँगते हैं, तो ज़्यादा पैसे मिलते हैं।'' स्वाहा झरोखे से रजाक का हाथ पकड़ती है। आर्द्र स्वर में कहती है, ''तुझे यदि गाना सीखने का शौक है, तो मैं तुझे सिखाऊँगी। लेकिन भीख माँगने के लिए नहीं। अन्धे भीख माँगने के लिए विवश नहीं हैं।''

''फिर वे जिएँगे कैसे?'' बालक रजाक का यह सवाल जीवन-चिन्ता की गहराई से जुड़ा हुआ था।

स्वाहा ने कोमल स्वर में कहा, ''और लोग जैसे जी रहे हैं, अन्धे भी वैसे ही जिएँगे। वे कमाएँगे और घर-गृहस्थी सँभालेंगे। अन्धे पृथ्वी के विचित्र जीव नहीं हैं, वे भी इन्सान हैं। कल जिसकी आँखें थीं, आज वह अन्धा हो सकता है। आज जो अन्धा है, कल उसे फिर से आँखें मिल सकती हैं।''

रजाक की समझ में पहली बात आ गई। कभी उसकी आँखें थीं, आज वह अन्धा है। लेकिन दूसरी बात कैसे सम्भव है? एक अंधे को कल फिर से आँखें मिल सकती हैं? ऐसे कई लोग बूढ़े हो चुके हैं, जिन्होंने बचपन में ही अपनी आँखें खो दी थीं। उनमें से किसी की आँखें नहीं लौटी हैं। वह भी अंधे की हालत में भटकते हुए बूढ़ा हो जाएगा। इस खूबसूरत धरती को देखना अब उसके भाग्य में नहीं है। बालक रजाक की अन्धी आँखों से आँसू फूट निकलते, वह उदास स्वर में कहता, ''दीदी, अंधे को कभी आँखें वापस मिलती हैं?'' स्वाहा कोमल स्वर में कहती, ''मिलती हैं। किसी दूसरे की आँखें लगा देने से अन्धे की दृष्टि-शक्ति लौट आती है। हमारे देश के चक्षु-बैंक में इतनी आँखें नहीं हैं,

वरना कोई अंधा बनकर नहीं रहता।"

बालक रजाक हताशा के साथ उसाँस भरते हुए बात को टाल देता। ये सभी असम्भव बातें बड़े लोगों के लिए सम्भव हो सकती हैं, उसके लिए नहीं। आदमी के खून का भाव यदि इतना ज़्यादा है, तो आँखों का भाव कितना नहीं हुआ होगा! उसे आँखें खरीदने के लिए पैसे कौन देगा? रजाक जब आतिशबाजी की आग में झुलसकर अस्पताल में दाखिल हुआ था, उस समय उसका एक ऑपरेशन हुआ था और उसके लिए खून की जरूरत पड़ी थी। खून का भाव इतना ज़्यादा! बापू के पास इतने पैसे नहीं थे। रजाक को जितना खून चाहिए था, उसके बदले उसके बापू ने अपने शरीर से उतना खून रक्त-बैंक को दिया। तभी खून मिल पाया। रजाक को एक दिन फिर से आँखें मिल पाएँगी, इतनी बड़ी आशा वह क्यों रखे?

रजाक ने फिर से अनुरोध किया, "दीदी, मुझे गाना सिखा दोगी? इसी झरोखे के पास खड़े-खड़े मैं गाना सीख सकता हूँ।"

स्वाहा ने प्यार-भरी आवाज में कहा, "तुझे मैं गाना सिखाऊँगी—झरोखे के इस पार से नहीं, घर के अन्दर। कल से मेरे कमरे में आ जाना।"

"लेकिन मैं मुसलमान लड़का हूँ"—रजाक ने सहज ढंग से कहा। स्वाहा ने मीठी आवाज में कहा, "हम दोनों की जाति एक है—शारीरिक विकलांगों की जाति। इसलिए तेरे आने में कोई अड़चन नहीं है। अस्पताल में रहकर मैंने महसूस किया है कि इन्सान की जाति एक है। वैसा नहीं हुआ होता तो व्याधि, बीमारी और मौत सबके लिए बराबर क्यों हुई होती। इनकी चपेट में तो गरीब और छोटी जाति के लोग ही आते। बड़े लोग और कुलीन कहलाने वाले किसी भी आदमी को व्याधि-बीमारी छूती ही नहीं। मुझे बीमारी क्यों पंगु बना डालती? मैं तो उछलती रहती, घूमती रहती, स्कूल-कॉलेज जाती रहती—बीमारी को क्या यह नहीं पता कि मेरे पिताजी के पास पैसे हैं, और हमारी गिनती ऊँचे कुलों में होती है?"

रजाक के मन को यह बात भा गई। तब से रजाक का स्थान श्यामल बाबू के घर के भीतर, स्वाहा की कोठरी में है। स्वाहा से वह दुनिया भर की बातें करता रहता है—स्वाहा के पैर नहीं हैं, आँखें हैं—रजाक की आँखें नहीं हैं, पैर हैं। कैसी सुन्दर जोड़ी है। दो निर्मल हृदय मिलकर साकार हो उठते हैं। ईश्वर और अल्लाह में कोई फर्क नहीं होता। रजाक के स्वर में सालवेग के लिखे जगन्नाथ जी के भजन और गीत-गोविन्द के छन्द कमाल के लगते स्वाहा को। स्वाहा के पास आने वाले संगीत-शिक्षक का रजाक सबसे प्रिय शिष्य बन जाता है। रजाक

होशियार लड़का है, स्वाहा को इसमें कोई सन्देह नहीं रह जाता।

एक दिन स्वाहा ने श्यामल बाबू से अनुरोध किया, "पिताजी, मेरे स्कूल का खर्चा अब रजाक पर किया कीजिए। कुछ दिनों के लिए उसे चक्षु-हीन विद्यालय में पढ़ना चाहिए। अब मेरी पढ़ाई पर कोई खर्चा तो होता नहीं है—उन पैसों से रजाक सातवीं कक्षा पास कर ले।" भले ही पढ़ाई पर खर्चा नहीं होता था, फिर भी स्वाहा के इलाज में हर महीने पढ़ाई के खर्चे का दस गुना लग जाता था। इस बात को कोमल मति स्वाहा उस उम्र में समझती भी कैसे?

बेटी के आग्रह को श्यामल बाबू टाल नहीं सके। रजाक के लिए वसुधा का वात्सल्य भी कुछ कम नहीं है। रजाक चक्षु-हीन विद्यालय में पढ़ने लगा। संगीत-शिक्षक से गाने भी सीखे। अब वह बालिका विद्यालय में संगीत-शिक्षक है। घर में संगीत का एक स्कूल खोल रखा है। शाम को ढेर सारे बच्चे संगीत सीखते हैं। वह अपना संसार खुशी से चला रहा है। बूढ़े माँ-बाप की देख-भाल भी कर रहा है। उसके जीवन का सिर्फ यही अफसोस है कि भले ही वह स्वाहा की आँखों से सारे संसार को देखता है, लेकिन वह स्वाहा दीदी को देख नहीं पाता है। संगीत की विशेष तालीम लेने के लिए वह साल भर से इलाहाबाद में था। थोड़े दिन पहले लौटा है। लौटकर सुनता है कि स्वाहा का जीवन-दीप किसी भी समय बुझ सकता है। अन्तिम मुहूरत निकट ही है।

रजाक को इन बातों पर विश्वास नहीं है। बचपन से ही वह सुन रहा है डॉक्टरों की ऐसी निराशा भरी बातें। लेकिन स्वाहा दीदी से ही वह सुनता आया है जीवन के अनन्त प्रवाह के स्वर को। स्वाहा दीदी मर नहीं सकती—मौत उससे बहुत दूर है।

सेवा-निवृत्ति के बाद श्यामल बाबू रोज़ डायरी लिखते हैं। अपने हृदय के भावों को व्यक्त कर देते हैं निर्जीव कागज पर, हृदय का बोझ कुछ हल्का हो जाता है।

बीमार पड़ने के बाद स्वाहा भी कभी-कभी डायरी लिखती है। कोई विशेष भाव मन में आए तो उसे वह भाषा में व्यक्त कर देती है।

एक दिन की डायरी में स्वाहा ने अपने जीवन की अन्तिम और सर्वोत्तम इच्छा को व्यक्त किया था। उसने लिखा था—

"जीवन मनुष्य को अमर नहीं बनाता। मृत्यु ही अमर बनाती है। हर मनुष्य के जीवन की आखिरी इच्छा होती है अमर बनना। अमर बनने का अर्थ क्या

है?—मृत्यु के बाद भी जीवित रहना—जीवित रहना है इतिहास के पन्नों में—मनुष्यों के हृदय की स्मृति के इतिहास में। इसलिए मनुष्य रचना करता है इतिहास की। मनुष्य फिर रचना करता है वंश, परिवार, सन्तान, संतति की। सन्तान-सन्ततियों के खून के प्रवाह में जीवन के अनन्त प्रवाह को वह बनाए रखता है।

मैं भी मनुष्य हूँ। मेरे भीतर भी अमरत्व की आकांक्षा है। लेकिन मेरे पीछे इतिहास नहीं है। मेरा परिवार नहीं है, सन्तान-सन्तति नहीं है। क्या मैं मृत्यु के बाद समाप्त हो जाऊँगी?

ना, मैं मृत्यु के बाद भी जिन्दा रहूँगी। मैं शरीर के एक हिस्से को लेकर जिन्दा हूँ और शरीर के उसी हिस्से का एक छोटा-सा दुर्लभ हिस्सा छोड़ जाऊँगी इस धरती पर। मेरा यह पंगु शरीर जल जाएगा चिता में। इस धरती पर मैं नहीं होऊँगी—होंगी मेरे शरीर की सबसे अच्छी चीज—आँखें!

मेरी आँखें ही मेरी जिन्दगी हैं। आँखों के बिना मेरी जिन्दगी ही क्या है? मैं पंगु बनकर पड़ी हुई हूँ—फिर भी आँखों के द्वारा सारे विश्व का भ्रमण करती हूँ। ग्रन्थों के पन्नों में विश्व-रूप के दर्शन करती हूँ। हे ईश्वर! ये दोनों आँखें तुम्हारे दुर्लभ दान हैं, जिसके लिए मैं आपकी चिर कृतज्ञ हूँ। तुम्हारा ध्यान करती हूँ, तो दो विश्वमय आँखें हृदयावेग से व्याप्त हो जाती हैं चेतना के दायरे तक—पसर जाती हैं चेतना की सीमा को पार करते हुए आत्मा के द्वार तक। वहीं हृदयंगम होता है कि दोनों आँखें ही जीवन हैं। आँखें ही शाश्वत विश्व-चेतना के सृजनात्मक द्वार हैं। मेरी निस्संग आत्मसत्ता उसी पल परमात्मा के अस्तित्व में विलीन हो जाती है, व्यक्ति-चेतना का अन्त होकर विश्व-चेतना जन्म लेती है।

विश्व-चेतना का बाह्य द्वार मनुष्य की चर्म-चक्षु हैं और अन्तर्द्वार उसकी अन्तर्चक्षु। उन बाह्य चक्षुओं को मैं छोड़ जाऊँगी इस नश्वर धरती पर। मेरे अति प्रिय रजाक की अंधी आँखों में जीवन की ज्योति जलाएगी मेरी ये आँखें। मैं नहीं रहूँगी, मेरी दोनों आँखें रहेंगी। मेरे शरीर के खण्डहर के घेरे में बन्दी बनकर मेरी दोनों आँखें पड़ी हुई हैं बन्द कोठरी में। रजाक की आँखों के कोटर में जगह पाते ही मेरी आँखें शापमुक्त हो जाएँगी। रजाक के पैर चलते रहेंगे और मेरी आँखें विश्व-दर्शन करती रहेंगी, विश्वमय बनती रहेंगी, विश्व-चेतना को स्पर्श करती रहेंगी। मुझे ऐसा ही एक अमरत्व चाहिए।

इसलिए मेरी मृत्यु के बाद मेरी दोनों आँखों का उत्तराधिकारी रजाक होगा। यही मेरी अन्तिम इच्छा है। मेरे शरीर के बाकी सारे अंग पक्षाघात से पीड़ित हैं। अन्यथा मैं शरीर के बाकी अंगों को दान कर जाती किसी और इन्सान को।

वह मौका अब नहीं है। इस दुर्लभ शरीर के बाकी के हिस्से करीब गल चुके हैं। तालाब के कीचड़ में कमल की तरह मेरे गले हुए शरीर की ये दोनों आँखें ही रोगमुक्त, स्वस्थ और ज्योतिर्मय हैं। उतना दान मैं दे जाऊँगी रजाक को। यही मेरी अन्तिम इच्छा है।

मेरी इस अन्तिम इच्छा का पता रजाक को न चले। मैं जब तक जिन्दा हूँ, रज़ाक एक भाई की तरह निर्मल, निस्वार्थ स्नेह लिए मेरे पास आता रहे। मैंने उसके लिए चक्षु-दान किया है, यह जानते ही उसके प्रेम में कृतज्ञता घुल जाएगी—वह मेरे पास कृतज्ञ और न्यून बनकर बैठा रहेगा। मुझे वैसा प्रेम नहीं चाहिए। शाश्वत प्रेम पाने-खोने, हानि-लाभ के रिश्ते से काफी ऊपर है। वही प्रेम मनुष्य को देवता बनाता है। यही मेरी इच्छा है—उस दिन की डायरी को स्वाहा ने श्यामल बाबू को पढ़ने के लिए दिया था। स्वाहा की अन्तिम इच्छा को पूरी करने की प्रतिश्रुति बेटी को श्यामल बाबू ने दी थी।

स्वाहा की डायरी को पढ़ने के बाद श्यामल बाबू ने उस दिन की डायरी में लिखा था—

"स्वाहा की मृत्यु निकट है। मृत्यु ही उसकी मुक्ति है। वह नहीं रहेगी, उसकी दोनों आँखें रहेंगी—यह तो मेरे लिए खुशी की बात है। उसके शरीर के किसी और हिस्से को देखना मेरे लिए कष्टदायक है। सिर्फ उसकी निर्मल और कोमल आँखों को देखता हूँ, तो मैं अपनी बेटी को देखता हूँ। इसलिए मैं अपनी मृत्यु तक उसे देखता रहूँगा रजाक की आँखों में। असल में उसे बिना देखे मेरा जिन्दा रहना क्या सम्भव है!

लेकिन रजाक को आज से इस बात का पता नहीं लगना चाहिए। उरो इस बात का पता लगेगा तो स्वाहा की मौत के इन्तज़ार में वह बैठा रहेगा—उसके अवचेतन मन में स्वाहा की मौत की कामना जागने लगेगी। कोई मेरी बेटी की मौत की कामना करेगा और मैं उसे बरदाश्त करूँगा, यह मेरे लिए सम्भव नहीं है।

"निर्मल प्रेम के साथ रजाक आता रहे—प्रत्याशा रहित सम्पर्क उनमें दृढ़ होता रहे।"

स्वाहा की खास उस दिन की डायरी का सारांश ओंकार को सुनाया और अपनी डायरी पढ़ने को दी श्यामल बाबू ने। कहा कि एक अनुरोध रखोगे?

बेटी के लिए ढेर सारे अनुरोध श्यामल बाबू के। ओंकार से कहा, "बाप और बेटी की डायरी तो पढ़ ली! स्वाहा की अन्तिम इच्छा को पूरी करने की जिम्मेदारी तुम्हारी है। क्योंकि तुमने उसके इहलोक और परलोक की जिम्मेदारी

ली है। यदि स्वाहा की मृत्यु से पहले मेरी मृत्यु हो जाती है, तो उसकी अन्तिम इच्छा कौन पूरी करेगा? तुम्हें तो पता है कि आजकल स्वाहा की तबीयत गम्भीर हो जाए तो भी कोई डॉक्टर आता नहीं है। जो डॉक्टर सदय होकर आया करते थे, तबादले के कारण वे कहीं और चले गए हैं। तुम क्या सोचते हो कि स्वाहा की सेहत ज़्यादा खराब हो जाने से उसे बचाने के लिए मैं डॉक्टर को बुलाता हूँ? ना, मुझे पता है कि रोगी को डॉक्टर बचाते नहीं हैं—बचाता है कोई और। नाम डॉक्टर का होता है। और रोगी की मौत हो जाती है, तो डॉक्टर के हाथ में कुछ नहीं होता है। क्योंकि किसी की उम्र की रेखा को कोई बदल सकता है? मैं डॉक्टर को बुलाता हूँ स्वाहा को पीड़ा से राहत दिलाने के लिए। रोगी की मौत को यातनाविहीन बनाना क्या डॉक्टर का फर्ज नहीं होता? किसी का मरना तय है, इसलिए वह दारुण यातनाओं को भुगतते हुए मरे, क्या यह मानवीय तर्क है? अतः मेरा अनुरोध है कि सही समय पर जैसे भी हो स्वाहा की आँखों को निकाल कर रजाक में रोपा जाना चाहिए, इस बात को भूलना मत। इतना करोगे तो तुम्हें अशेष पुण्य मिलेगा ओंकार! जीवन में जिसे कुछ भी न मिला हो, ऐसी एक लड़की की अन्तिम इच्छा को पूरा करना कोई मामूली काम नहीं है।''

ओंकार वचनबद्ध हुआ कि वह स्वाहा की अन्तिम इच्छा को पूरा करेगा।

वसुधा डायरी लिखती नहीं है। जो कुछ भी है, उनके मातृ-हृदय की अनुभूति में लिपिबद्ध है, वह अदृश्य होते हुए भी अमिट है। स्वाहा के दुःख-दर्द की रोज़ की कथा उनकी अनुभूति के पन्नों में लिखी हुई है। उस डायरी के पन्नों को वे किसी के सामने खोलकर रखती नहीं हैं। अवरुद्ध वेदना की वे एक बन्द कोठरी हैं।

बड़ी बेटी की मौत के बाद वे अन्दर ही अन्दर टूट रही हैं, पर स्वाहा के पास दृढ़ बनकर खड़ी रहती हैं। उनकी करुणामयी मातृ-मूर्ति के चप्पे-चप्पे में लिखा हुआ है, ''तू मेरा सब कुछ है, तू मेरा सब कुछ है।'' आजकल बेटी की हालत का तेजी से बिगड़ना उनकी निगाहों से छिपा नहीं है। कोई और भले ही न जान सके, लेकिन वे जानती हैं कि स्वाहा अब उनकी नहीं है। विदा का मुहूरत निकट है।

अब भी याद हो आती है स्वाहा को गर्भ में धारण करने की अपूर्व अनुभूति, उसे जन्म देने की असह्य वेदना, उसके जन्म के बाद की पवित्र मर्यादा। याद हो आता है उसके पालन-पोषण के दौरान मिलने वाला सुखमय मातृत्व, उसका

मधुमय शैशव, मोदभरा बचपन, गौरवमय-उज्ज्वल कैशोर्य और दुःखमय, अभिशप्त, कुछ न मिलने वाला समूचा जीवन। उसके एक-एक दिन की असह्य व्यथा और वेदना उनकी अनुभूति के प्रत्येक कोष में स्पन्दित हो रही है। सुख-दुःख की स्मृतियाँ तनिक भी फीकी नहीं पड़ी हैं। उसके जाने का समय जितना निकट होने लगता है, उसे अपने अंचल में छिपाकर मृत्यु-देवता को वापस भेजने की असहाय व्याकुलता उभरने लगती है। लेकिन उन्हें पता है कि यह सब सम्भव नहीं है। नियति के आगे हार माननी पड़ेगी। बेटी के पास साये की तरह वे लगी रहतीं, एक नन्हें बच्चे की माँ जिस तरह देख-भाल करती है, उस तरह उसकी खाट के पास बैठतीं, खाती-सोतीं। मृत्यु-देवता उसे ले जाएँगे ही। लेकिन बेटी उनकी भयंकर छाया को देख कहीं चौंक न उठे! एकाग्र साधना के साथ बेटी के पास बैठी रहती वसुधा। श्यामल बाबू की तरह मन की बातें किसी के पास नहीं खोलतीं। मातृ-हृदय के उस निरीह दुःख के लिए शब्द कहाँ हैं—भाषा कहाँ है?

देवी, स्वाहा की देख-भाल करती। उसके बालों को सँवारती। सुन्दर माथे पर कुमकुम की छोटी-सी बिन्दी सजाती। साधारण प्रसाधनों से ही स्वाहा का चेहरा मणि की तरह दमक उठता। एक छोटा-सा आईना स्वाहा के चेहरे के सामने रखकर देवी कहती, ''तू कितनी सुन्दर है दीदी! आईने में स्वाहा अपनी उज्ज्वल आँखों को निहारती रहती। चेहरे पर दोनों आँखें ही जैसे सजीव हों। बाकी सब मृत। स्वाहा का रंग ढलने लगा है। कपोल की उभरी हुई हड्डियाँ अपने अस्तित्व की घोषणा कर रही हैं। दोनों गुलाबी अधर फीके पड़ चुके हैं। अधरों के पीछे सुन्दर ढंग से सजी हुई दाड़िम की-सी दन्त-पंक्तियाँ छीज रही हैं। सामने के दो दाँत छीजते हुए साँवले नजर आ रहे हैं। स्वाहा की सुन्दर मुस्कान गायब हो चुकी है विदायी वेला के कराल स्पर्श से। निस्तेज, रक्तहीन, मुमूर्षु चेहरे पर केवल दो प्राणमय आँखें जीवन के अस्तित्व की घोषणा कर रही हैं। चिबुक पर मृत्यु का नीला स्पर्श उभरने लगा है।

स्वाहा की नजरें धुँधली पड़ जातीं...अपना चेहरा फिर दिखाई नहीं पड़ता। स्वाहा बेचैन हो आँखें मूँद लेती। प्रार्थना करती, ''प्रभु! मैं मृत्यु से नहीं डरती; लेकिन मेरी मृत्यु से पहले मेरी दृष्टि-शक्ति मत छीनो। कम-से-कम मेरी एक इच्छा तो पूरी होने दो।''

स्वाहा रजाक को बुला भेजती। उसका हाथ पकड़कर कहती, ''रजाक, मेरी मृत्यु शय्या के निकट तू बैठा रहना। तेरी अनुपस्थिति में मेरी मृत्यु न हो। वैसा हुआ तो मेरी अतृप्त आत्मा अमोक्ष को प्राप्त हो भटकती फिरेगी।''

रजाक की अंधी आँखों के कोटर से अश्रु के मुक्ता-कण चमक उठते। स्वाहा का हाथ पकड़ कर वह मौन विश्वास दिलाता। ईश्वर को धन्यवाद देते हुए मन-ही-मन कह उठता, "हे ईश्वर! मुझे अंधा बनाने के कारण मैं आभारी हूँ, क्योंकि मेरे जीवन की प्रेरणा मेरी दीदी के मृत शरीर को देखने की दुःखद अनुभूति मुझे नहीं होगी।"

यातना के साथ सूर्योदय होता—सूर्यास्त होता बेचैनी के साथ, रात गुजरती एक निशब्द, भयंकर, निश्चित प्रतीक्षा में। मृत्यु, मृत्यु की यातना, मृत्यु का भय स्वाहा के सामने बार-बार पराजित होते।

सारी रात देवी व ओंकार स्वाहा के पास बैठे रहते। थकी-माँदी वसुधा स्वाहा की खाट के किनारे आरामकुर्सी पर कुछ पलों के लिए निढाल हो जातीं, फिर चौंक कर उठ बैठती। श्यामल़ बाबू अपनी कोठरी और स्वाहा की कोठरी को जोड़ने वाले लम्बे बरामदे में अस्थिर हो टहलते रहते। रजाक प्रहरी की तरह बरामदे में खम्भे से टेक लगाए मृत्यु के पथ को रोककर बैठा रहता। उसे नहीं पता कि स्वाहा की मृत्यु उसके लिए एक दीपक लिए आ रही है। वह अंधकार को प्रणाम करता। उसके लिए अंधकार आज आशीर्वाद है। अंधेरे में उसकी दीदी चली जा़एगी—आलोक के राज्य की ओर। वह कुछ देख नहीं पाएगा। जब आलोक के राज्य में दीदी से रजाक की भेंट होगी; वह दीदी को देख पाता होगा। उस राज्य में पार्थिक चक्षु की आवश्यकता नहीं है।

अनाम, शंकर और उनके बाल-बच्चे सारी रात बेचैन हो इन्तज़ार करते रहते। कभी घर के अन्दर, कभी बाहर। कभी कुछ जरूरत पड़ जाए शायद!

सुबह होती। रंग फीका-फीका लगता। तथापि स्वाहा जीवित रहती—बातचीत करती—किताब पढ़ती—मृत्यु का अनादर करते हुए हँसती रहती भोर के चाँद की तरह।

स्वाहा के शरीर से नियति की इतनी ईर्ष्या क्यों? स्वाहा के मल-मूत्र में सिर्फ रक्त-पीव—स्वाहा की दृष्टि-शक्ति धुँधलाने लगती।

स्वाहा ने ज़िद की डॉक्टर को बुलाने की। मल-मूत्र की जाँच करवाने की। आँखों की जाँच तो निहायत ज़रूरी है। वरना वह पढ़ाई कैसे करेगी? ओंकार फौरन अपने एक डॉक्टर मित्र को बुला लाया। हर तरह की जाँच हुई। डॉक्टर ने कहा, "ऐसा कुछ नहीं है, सब ठीक हो जाएगा।" दवाई लिख दी। रक्तचाप

बढ़ा है। खान-पान में परहेज बरतना चाहिए। दृष्टि-शक्ति में कुछ कमी है। कई वर्षों से सिर्फ आँखों पर आसरा करके स्वाहा जी रही है। आँखों पर ज़्यादा दबाव पड़ रहा है, इसलिए आँखों को विश्राम चाहिए। पढ़ाई-लिखाई और टेलीविजन का देखना बंद होना चाहिए।

स्वाहा ने कहा, "चश्मा इस्तेमाल करें तो कैसा रहेगा? दृष्टि-शक्ति कमजोर हो तो चश्मा ही दवाई है। कितने पावर का चश्मा चाहिए, लिख दीजिएगा। पढ़ाई-लिखाई बन्द करके सारा जीवन बैठ तो नहीं सकती! आँखों के बिना मैं पंगु हूँ! आँखें ही मेरी जिन्दगी हैं। आप क्या मुझे पंगु बनाकर रखना चाहते हैं?"

डॉक्टर ने कहा, "देखते हैं, थोड़े दिनों के लिए आँखों में दवाई डालते रहिए। फिर जरूरत पड़े तो चश्मा भी दिलवा देंगे।"

बाहर आकर डॉक्टर ने ओंकार से कहा, "कैसे इस लड़की के मुँह पर कहूँ कि उसकी तमाम जिन्दगी का मतलब कुछ दिन या कुछ महीने ही है। हालाँकि उसकी केस-हिस्ट्री से ऐसा लगता है कि कुछ साल तक भी वह इस हाल में जी सकती है। लेकिन उसका गुजर जाना ही अच्छा है।"

ओंकार खिन्न हो उठा।। झुँझलाते हुए कहा, "मर जाना अच्छा है, इसका मतलब यह नहीं कि उसकी हत्या कर दी जाएगी? बल्कि, अब जितने दिनों तक जिएगी, किस तरह ढंग से बिना किसी यातना के जिएगी, यही बताइए।"

डॉक्टर ने कहा, "अब उसकी हालत ऐसी हो गयी है, जहाँ ढंग से बिना किसी यातना के जीने का सवाल नहीं उठता। उसका समूचा शरीर धीरे-धीरे छीजता जा रहा है। उसे रोकने का कोई चारा नहीं है। उसे तसल्ली देने के लिए कुछ दवाइयाँ लिख दी हैं, जिसका कोई खास असर उसके शरीर पर पड़ने वाला नहीं है—मन पर असर पड़ सकता है। इस लड़की का कैसा आश्चर्यजनक जीवन-संघर्ष है! वास्तव में जीने के मनोबल के कारण ही यह जीवित है।"

ओंकार ने दुःख भरे स्वर में कहा, "पीड़ा अब उसके जीवन का हिस्सा बन चुकी है—पीड़ा से उसे कोई भय नहीं है। भय है अपनी दोनों आँखों से। कैसी हालत है आँखों की?"

उच्च रक्तचाप के कारण उसके रेटीना से रक्त रिसने से दृष्टि-शक्ति फीकी पड़ जाती है। चश्मे का इस्तेमाल बेकार है। दृष्टि-शक्ति का निराकरण चश्मे से नहीं होता। बहुत जल्दी उसकी दृष्टि-शक्ति खत्म होने वाली है।" निष्ठुर सत्य के दूत की तरह डॉक्टर ने दृढ़ स्वर में अन्तिम बात सुना दी।

ओंकार शिथिल हो उठा। तो क्या स्वाहा के जीवन की वह एक इच्छा भी

पूरी नहीं हो सकती? ओंकार ने डॉक्टर से स्वाहा की अन्तिम इच्छा बतायी। वह इच्छा किस तरह पूरी की जा सकती है, उस बारे में पूछा। डॉक्टर ने गम्भीर स्वर में कहा, ''स्वाहा की अन्तिम इच्छा शायद ही पूरी हो। क्योंकि मृत्यु तक दोनों कोर्निया नष्ट को चुकी होंगी। यदि मृत्यु से पहले कुछ दिनों तक बेहोशी की हालत में रह जाएगी या फिर कोर्निया में घाव होकर कोर्निया नष्ट हो जाएगी, तो चक्षु-दान सम्भव नहीं है। उद्देश्य जितना भी महान क्यों न हो, लेकिन जीवित व्यक्ति की दोनों कोर्नियाओं को निकाल लेना कानून के खिलाफ है। इसके अलावा स्वाहा की अन्तिम इच्छा भी उसकी मृत्यु के बाद चक्षु-दान है--मृत्यु से पहले नहीं। अब स्वाहा की दोनों कोर्नियाओं की अधिक हिफाजत करनी पड़ेगी। रेटिना तो नष्ट हो चुके हैं। बहुत जल्दी स्वाहा पूरी तरह दृष्टि-हीन हो जाएगी। उसका कोई इलाज नहीं है। इस मामले में किसी चक्षु-विशेषज्ञ से सलाह-मशविरा करना निहायत ज़रूरी है।'' मृत्युकालीन हलफनामे की तरह डॉक्टर मिश्र निष्ठुर लेकिन अन्तिम बात की घोषणा कर गए।

आज पहली बार ओंकार ने स्वाहा की मृत्यु-कामना की। ''हे ईश्वर! दृष्टिहीन बनाने से पहले स्वाहा को अनन्त आलोक के राज्य में ले जाइए।''

अक्षु-विशेषज्ञ के सुझाव के अनुसार स्वाहा की आँखों का इलाज होने लगा। स्वाहा की आँखों की दोनों कोर्निया अक्षत और स्वस्थ हैं, मौत तक क्या होगा, उस बारे में अब कुछ नहीं कहा जा सकता।

स्वाहा खुद अपनी आँखों की देख-भाल करने में कोई कसर नहीं रखती थी। दवाई डालने में तनिक भी देर हो जाए तो देवी पर, वसुधा पर झुँझला उठती थी। सिरहाने रखी घड़ी को देखकर समय पर दवाई लेती थी। डॉक्टर के सुझाव के अनुसार बनाए गए भोजन के मेन्यु में तनिक भी बदलाव को बरदाश्त नहीं करती।

वह एक आलोकमय प्रभात था। स्वाहा वेद, उपनिषद्, गीता आदि ग्रन्थों पर लिखी एक समीक्षात्मक पुस्तक को मन लगाकर पढ़ रही थी, ''आत्मा, परमात्मा और प्रकृति तीनों सत्य और सनातन हैं। इनका न आदि है, न अन्त। परमात्मा की सृष्टि से संपृक्त विविध क्रियाओं के लिए जिस तरह प्रकृति एक साधन है, उस तरह आत्मा के सभी कर्मों के लिए शरीर एक साधन है। शरीर के बिना आत्मा की स्थिति ही क्या है? इस शरीर रूपी साधना के द्वारा आत्मा सत्कर्म

करते हुए पिता-माता, पति, पुत्र, परिवार, समाज और देश का कल्याण करते हुए मुक्ति के पथ पर बढ़ता रहता है। यह संसार पुरुषार्थ की साधना का क्षेत्र है, जीवन को सार्थक बनाने का एक मनोरम और प्रशस्त उद्यान है। इस संसार में सर्वत्र बिभु की कृपा विद्यमान है। शरीर आत्मा का आधार होने के कारण और शरीर के माध्यम से आत्मा के नानादि कल्याणकारी कार्य साधित होने के कारण शरीर की अवहेलना करने का अर्थ है आत्मा की अवज्ञा करना। आत्मा का आधार इस शरीर को निर्मल और स्वस्थ रखने का अर्थ, शरीर में स्थित प्राणशक्ति को पुरुषार्थ के साधन में नियोजित करना है। इस संसार में निराशा का कोई स्थान नहीं है। जो व्यक्ति संसार को मधुमय मानता है उसे सर्वत्र विश्वात्मा की करुणा अनुभूत होती है। अशेष दुःख में वह अखण्ड सुख प्राप्त करता है। ऋगूवेद का कहना है, ''मनुर्भव जनया दैव जनम्—अर्थात् मनुष्य बनो और दिव्य उत्तराधिकारियों को उत्पन्न करो। मनुष्य कौन है? दिव्य उत्तराधिकारी कौन है? जो चलता-फिरता है—धन कमाता है—अच्छा खाता है, पहनता है और लम्बा जीवन जीने के बाद इहलीला समाप्त करता है? मनुष्य वही है जो दया, क्षमा, स्नेह, सौहार्द, सेवा, मैत्री आदि दिव्य गुणों को सम्पन्न करने में पुरुषार्थ को नियोजित करता है।'' स्वाहा ऊँची आवाज में पढ़ रही थी और उसकी आँखों से आँसू झर रहे थे। उसकी आँखों की द्युति अचानक धुँधली पड़ने लगी।

देवी ने उसके हाथों से किताब सरका ली। कहा, ''डॉक्टर ने मना किया है पढ़ने-लिखने को। आज से मैं पढ़ूँगी, तुम सुनोगी।''

स्वाहा को चारों दिशाएँ धुँधली नजर आ रही थीं। देवी का चेहरा केवल रेखांकित चित्रपट की तरह दिखाई पड़ रहा था। दुःख से अवसन्न हो स्वाहा ने कहा, ''देवी, मैं अंधी हो गयी हूँ। मुझे अब कुछ दिखाई नहीं पड़ रहा है। वास्तव में आज मैं पंगु हूँ। इस जीवन का अर्थ ही क्या है?''

देवी ने स्वाहा के हाथ को सहलाते हुए कहा, ''तुम तो अब पढ़ रही थी कि जो हाथ, पैर आदि अवयवों को लेकर चलता-फिरता है, वह सच्चे अर्थ में मनुष्य नहीं है। तुम सच्चे अर्थ में मनुष्य हो। रजाक तुम्हारा दिव्य उत्तराधिकारी है। तुम्हारा जीवन कई मनुष्यों के जीवन से ज़्यादा सार्थक है।''

टूटी हुई आवाज में स्वाहा ने कहा, ''वह भाग्य मेरा कहाँ? मेरी दृष्टि-शक्ति लुप्त हो चुकी है। मैं अब रजाक की अंधी आँखों की ज्योति बनकर अमर नहीं हो पाऊँगी। अच्छा हुआ कि इस बात से अनजान रहने के कारण बेचारे रजाक ने बेकार की आशा पोषण नहीं की है।'' थोड़ी देर पहले अखण्ड आशा की वाणी

झंकृत हो रही थी उसके गले से—लेकिन दृष्टि खो चुकने के बाद करुणा भरी निराशा लिए वह टूट रही है।

ओंकार थोड़ी देर हुए आकर स्वाहा के सिरहाने खड़ा है। स्वाहा का हाथ पकड़कर उसने ढाढ़स दिलाया, "तुम्हारी अन्तिम इच्छा पूरी होगी। तुम्हारी कॉर्निया पूरी तरह सुरक्षित है। रजाक का रेटीना भी स्वस्थ है। तुम्हारे रेटीना से खून रिसने के कारण तुम दृष्टि-शक्ति खो बैठी हो। इलाज चल रहा है। हो सकता है कि तुम्हारी दृष्टि-शक्ति लौट आए। आँखों को विश्राम दो—डॉक्टर ने सलाह दी है।" ओंकार को यह पता है कि स्वाहा की दृष्टि-शक्ति का लौटना अब सम्भव नहीं है। फिर भी इतना बड़ा झूठा वादा उसने मरणासन्न स्वाहा से क्यों किया, उसे नहीं पता। इस तरह के झूठ के लिए यदि उसे पाप का भागीदार बनना पड़े, तो भी उसे दुःख नहीं है। स्वाहा जैसी एक आशावादी लड़की निराशा में प्राण न त्यागे, ओंकार यही चाहता था।

फिर वही काल-रात्रि और प्रतीक्षा। शाम से स्वाहा के सीने में पीड़ा शुरू हो गयी है। पीड़ा शायद दृष्टि-शक्ति गँवा बैठने की ठेस के कारण शुरू हुई है। अंधी बनकर स्वाहा ज़्यादा दिन नहीं जिएगी, इस बात को सभी महसूस कर रहे हैं। नीरव शब्दहीन प्रतीक्षा में कई रातें गुजर गयीं। सभी थके-माँदे ऊँघ रहे हैं। जाग रहा है तो केवल स्वाहा का विश्वस्त बन्धु पालतू कुत्ता, जाग रहे हैं प्रभु जगन्नाथ स्वाहा के सामने की दीवार पर। स्वाहा को सब कुछ धुँधला नजर आ रहा है। अंधेरा नजर आ रहा है।

स्वाहा के स्पर्शहीन निस्पंद शरीर पर दो स्पन्दित हाथों का बन्धन। स्वाहा के दोनों ओर कुर्सी पर बैठे हुए हैं ओंकार और देवी। ऊँघ रहे हैं स्वाहा की खाट के किनारे सिर रखकर। देवी का एक हाथ स्वाहा की छाती पर, पीड़ा से राहत दिलाने के लिए सेवारत था। उसी हाथ पर पड़ा हुआ है ओंकार का एक हाथ। यह बन्धन सजगता का है—या नींद का?

दोनों हाथों के कोमल बन्धन पर और एक कमजोर हाथ आ गिरा। निस्पन्द शरीर पर स्पन्दित हो उठे दो बंधे हुए हाथ। देवी ने अपना हाथ सरका लिया। स्वाहा ने उसका हाथ पकड़ लिया। ओंकार ने अपने हाथ को सरकाते हुए पूछा, "अब दर्द थोड़ा कम हुआ न?"

स्वाहा ने धीमी आवाज में कहा, "दर्द अब नहीं है, क्योंकि तुम दोनों सेवा कर रहे हो। ओंकार, देवी से विवाह करके तुम सुखी रहोगे। कई दिनों से मन में यह बात थी, लेकिन पूछने का मौका नहीं मिल रहा था। तुम्हारी क्या राय है?"

ओंकार ने धीरे-से कहा, "तुमने जिसे मेरे लिए चुना है, वह मेरे लायक जीवन साथी ही होगी—देवी से विवाह करने में मुझे कोई आपत्ति नहीं है। लेकिन यह बात अभी क्यों?"

स्वाहा ने मधुर स्वर में कहा, "मैं जानती हूँ कि मेरी मृत्यु से पहले विवाह न करने का वचन तुमने पिता जी को दिया है। मैं तुम्हारे वचन को टूटने नहीं दूँगी। इस निशार्द्ध में तुमने मुझे वचन दिया है, अर्थात् देवी के साथ तुम्हारा विवाह हो गया। मैं खुश हूँ।" स्वाहा परम शान्ति से सो गयी!

देवी सिर झुकाए कह रही थी, "यहीं पड़े-पड़े स्वाहा दीदी ने कितने विवाह-सम्बन्ध जोड़े हैं, उसका कोई हिसाब नहीं है—साथी-सहेलियों के विवाह से, उनके बाल-बच्चे होने की खबर से वह इतनी खुश होती है कि उसे बिना देखे कोई विश्वास नहीं कर सकता।

ओंकार ने मधुर स्वर में कहा, "मैंने अपनी राय बता दी है। तुम्हारी क्या राय है? एकतरफा राय लिए विवाह करना मेरी रुचि के खिलाफ है।"

देवी ने स्पष्ट स्वर में कहा, "स्वाहा दीदी ने मेरे लिए जब जिस सिद्धान्त को लिया है, उससे मेरा फायदा ही हुआ है। मेरी राय के खिलाफ वह कभी कोई सिद्धान्त नहीं लेती।"

स्वाहा की मृत्यु-शैय्या के पास विवाह के समझौते पर देवी और ओंकार के बिना शब्दों के दस्तखत हो गए।

तीन दिनों की प्रतीक्षा के बाद वह सुबह आ पहुँची। वह सुबह ले आयी थी स्वाहा के लिए अंधकार। लेकिन स्वाहा प्रसन्न दिखाई पड़ रही थी। पीड़ा कम हो गयी थी। सब ने सोचा कि थोड़े दिन और निकल जाएँगे—जिस तरह प्रतीक्षा गें निकल गए हैं इतने सारे वर्ष।

लेकिन उस दिन सुबह होने में कुछ ही पल बाकी थे—स्वाहा पुकारने लगी—"पिता जी, पिता जी।" वसुधा श्यामल बाबू को बुला ले आयी, "बेटी को कुछ हो गया है!" ओंकार उस दिन था नहीं—रजाक बाहर बरामदे में सो रहा था। श्यामल बाबू बेटी के पास आ खड़े हुए, "क्या लग रहा है बेटी?" बेटी निहारने लगी पिता के चेहरे की ओर। दोनों फैली हुई आँखें पिता के चेहरे पर टिक गयीं। अन्तिम साँस की निष्ठुर विह्वलता में फिर एक बार पुकार उठी, "पिता जी!" उस पुकार में शारीरिक मृत्यु की अकुलाहट नहीं थी—देह की पीड़ा की व्याकुलता नहीं थी—वह पुकार वेद के ओंकार की तरह मन्द, मधुर, पवित्र और शान्तिमय थी।

स्वाहा विदा माँग रही है। शरीर रूपी जीर्ण वस्त्र को अनायास ही फेंक रही है। खुद को शरीर के क्षेत्र से हटाकर लिए जा रही है पूर्व निश्चित सहज ढंग से। उस पुकार में मृत्यु का भय नहीं है—उस पुकार में मानो जीवन की जयगीति हो। वह जब तक जीवित रही, देहातीत बनकर रही। आत्मा हमेशा देहातीत ही है, यही सन्देश था उसकी विदा की पुकार में। स्वाहा के जीवन का वह महा-मुहूर्त आ पहुँचा, जब जीवात्मा किसी भी प्रकार की कुंठा, दुविधा, भय, संशय और वासना से लगाव रखे बिना कूद पड़ती है उस मुक्तिदाता के विश्वात्मक महासिन्धु के गर्भ में—मृत्यु नहीं, मुक्ति प्राप्त करती है।

स्वाहा की आत्मा देह-मुक्त हो गयी है। श्यामल बाबू बेटी का हाथ पकड़े हुए हैं। वसुधा कोठरी में जब पहुँचती है, तब तक सब समाप्त। सारा जीवन बेटी की रखवाली करती रहीं। फिर भी पल-भर के लिए उनकी प्रतीक्षा नहीं की उसने।

महाप्रयाण का महा-मुहूर्त किसी की प्रतीक्षा नहीं करता।

स्वाहा का जीवन सफल हुआ कि नहीं, इस बात के निर्णायक सिर्फ वे हैं, केवल जिन्हें जीवन का उद्देश्य ज्ञात हो।

ओंकार के लघु विचार में इस संसार में बहुत कम लोग स्वाहा की तरह जीवन के उद्देश्य को सफल बनाते हैं—एक अभिनव शैली में आत्मा में जीते हैं। शरीर स्वाहा के लिए एक आधार मात्र था। इसलिए शरीर के विनाश से स्वाहा की मृत्यु नहीं हुई है—मुक्ति मिली है। आत्मा हमेशा के लिए मुक्त हो गयी है।

स्वाहा की मृत्यु सभी के लिए प्रतीक्षित एक स्वाभाविक घटना थी। इसी भाव के साथ बेटे और बेटियों से, आत्मीय-स्वजनों से ढाढ़स दिलाने वाली एक-एक चिट्ठी आ पहुँची।

रजाक की अंधी आँखों के सामने स्वाहा एक देवी-मूर्ति बनकर हाथ में दीपक लिए खड़ी हुई थी।

कोर्निया के रोपण के लिए रजाक को अस्पताल में भरती कर लिया गया था।

श्यामल बाबू शायद निश्चिन्त हो गए हों। उनकी इच्छा अन्त में पूर्ण हो गयी। अपने हाथों से बेटी को चिताग्नि पर सुला देना शायद उनके जीवन की साधना थी।

वसुधा को उदासी ने लपेट लिया था। पन्द्रह वर्षों की अविरत सेवा की थकावट मानो उन पर कुहासे की तरह हावी हो गयी हो। वे नीरव-निश्चल हो बैठी रहती हैं। अब उनका काम ही क्या है?

उन्हें जबरदस्ती ले जाते हुए पासपोर्ट के दरखास्त के लिए फोटो खिंचवा कर ले आए श्यामल बाबू। कहा, "अब विदेश में रहने वाले बेटे-बेटियों के पास चली जाओ। पन्द्रह वर्षों से एक ही औलाद के साथ बँधी रही। वे भी तुम्हारी औलाद हैं! उनके लिए भी तुम्हें कुछ करना चाहिए। बिना काम किए, बिना सेवा किए क्या तुम रह सकती हो?"

"और तुम?" सवाल पूछा था वसुधा ने।

एक दार्शनिक की भाँति श्यामल बाबू ने कहा था, "मुझे उनसे क्या काम? तुम्हें दुःख है, तुम जाओ। मुझे कौन-सा दुःख हुआ है? मैं तो अब मुक्त-निश्चिंत हूँ। मेरी कोई कुछ भी चिन्ता न करें। मुझे यहाँ काम की कमी नहीं है।"

बेटी की अन्त्येष्टि के कार्य में व्यस्त रह गए श्यामल बाबू। चिता-भस्म संगृहीत होकर श्यामल बाबू के घर के एक कोने में मिट्टी की कलसी में रखा हुआ है। तेरहवीं के दिन बेटी के देहावशेष को महोदधि में विसर्जित कर देने के बाद उनका कर्तव्य समाप्त हो जाता है। सचमुच उसके बाद उनका और काम ही क्या है?

सेवा-निवृत्ति के बाद श्यामल बाबू ने कभी खुद को अनावश्यक नहीं समझा है। उन्हें पता है कि एक पंगु लड़की के लिए उनकी आवश्यकता की कोई सीमा नहीं है। उस पंगु लड़की के लिए सेवा-निवृत्ति के बाद का समूचा जीवन उन्होंने बिना दुविधा के झोंक दिया है। अब वे मुक्त हैं।

सुबह होते ही स्वाहा की तेरहवीं। ढेर सारे लोगों को महाप्रसाद-सेवन के लिए ख़ुद घूम-घूम कर निमंत्रित किया श्यामल बाबू ने। कहा, "ज़रूर आइएगा, नहीं तो मेरी बिटिया के मन में कष्ट होगा। यही आखिरी है, इसके बाद मेरे जीवन में मेरे घर में आप को पत्तल नहीं परोसी जाएगी। पत्तल परोसी गयी होती स्वाहा के विवाह के भोज में। वह जब हो नहीं सका, तो ज़रूर पत्तल परोसने का मौका दीजिएगा उसकी तेरहवीं में।"

हर रोज़ की तरह रात को डायरी लिखी श्यामल बाबू ने। अन्तिम दिन की डायरी, "पन्द्रह साल के एक लम्बे अर्से से मैं उसकी मौत की कामना कर रहा था। लेकिन उसकी मौत के बाद मैं महसूस कर रहा हूँ कि पल-भर के लिए भी मैंने उसकी मौत की कामना नहीं की है। एक असहाय पिता के हृदय के निरीह उलाहने को सत्य मानकर ईश्वर का उसे उठा ले जाना क्या ठीक हुआ है?

पन्द्रह वर्षों के दौरान एक बार भी मैं उसके पास बैठा नहीं हूँ। उससे मुँह

छिपा कर हमेशा इधर-उधर घूमता रहा हूँ—क्योंकि उसका दुःख मुझ से देखा नहीं जाता था, उसके मनोरम शरीर की विगलित अवस्था को मैं कैसे सह पाता? क्या इसीलिए रूठ कर मेरी बेटी चली गयी? एक दिन भी उसने मेरे सामने हठ नहीं किया है। उसके सारे हठ उलाहने माँ तक ही सीमित थे, जो साये की तरह उसके आस-पास रहा करती थी। शरीर में जितना भी कष्ट क्यों न हो, उसके मुँह से 'पिता जी' की पुकार कभी नहीं सुनी। फिर भी प्राण जाते समय वह क्यों 'पिता जी, पिता जी' पुकारते हुए विदा हो गयी, मेरी आँखों में आँखें डालते हुए वह विलीन हो गयी—क्या सन्देश दे गयी मुझे?

वह जब जीवित थी, मैं अपने लिए दुःखी था—सोच रहा था कि क्या मिला मुझे जीवन में? भगवान मुझे यह सजा क्यों दे रहे हैं?

उसकी मृत्यु के बाद मैं सोच रहा हूँ—क्या मिला मेरी बेटी को अट्ठाइस वर्षों के जीवन के दौरान। भगवान ने उसे यह सजा क्यों दी?

पन्द्रह वर्षों के दौरान उसकी बातें मैंने जितनी सोची थीं, इन तेरह दिनों में उससे ज़्यादा सोची हैं। उसके जीवित रहते समय उसे जितना चाहा था, उसकी मृत्यु के उपरान्त उसे उससे भी ज़्यादा चाहने लगा हूँ। बड़ी बेटी के मृत्यु-शोक को सह लिया था—स्वाहा का मृत्यु-शोक क्यों असह्य लग रहा है? कल उसके देहावशेष को विसर्जित करने के बाद मेरे पास और क्या काम है? कैसे गुजरेगा सेवा-निवृत्ति का यह निस्संग जीवन?''

महोदधि के तट पर गाड़ी रुकी। चिताभस्म भरे मिट्टी के कलस को गोद में लिए बैठे हुए हैं श्यामल बाबू। आँखों से आँसू झर रहे हैं। स्वाहा की मृत्यु के बाद इस तरह आँसू बहाते हुए श्यामल बाबू को देखा नहीं था ओंकार ने। ओंकार उनके पास चुपचाप बैठे सोच रहा था कि स्वाहा की मृत्यु अप्रत्याशित तो नहीं थी—फिर भी श्यामल बाबू स्वाहा से बिछुड़ कर रहने का मन क्या अब तक बना नहीं पाए थे?

श्यामल बाबू ने ओंकार की ओर निहारते हुए कहा, ''एक अनुरोध रखोगे?'' विस्मय के धक्के को सम्भाल लिया ओंकार ने। स्वाहा की मृत्यु के बाद भी और कौन-सा अनुरोध है श्यामल बाबू का? मिट्टी के कलस में भरे स्वाहा के देहावशेष को एक बार हृदय से लगाकर ओंकार के हाथों में रख दिया श्यामल बाबू ने। कहा, ''कृपया समुद्र में बहाने के बाद प्रणाम करना। कहना, ''यदि पुनर्जन्म हो,

तो ईश्वर उसे इस तरह का जीवन न दें। एक ही जन्म की पीड़ा के बाद उसे शापमुक्त कर दें। फिर मेरे लिए प्रार्थना करना कि वह जैसे मेरी सन्तान बनकर लौट आए।''

ओंकार ने कलश को सावधानी से उठाया। श्यामल बाबू ने फुसफुसाते हुए कहा, ''जा बेटी! अब–जा। मेरा कर्तव्य समाप्त हो गया है।'' कलस को बढ़ा देने के बाद उन्होंने सीट पर पीठ टेक दी, फिर थकावट के मारे आँखें मूँद लीं।

स्वाहा के देहावशेष को महोदधि में बहा दिया ओंकार ने। उसकी स्मृति के अवशेष को क्या विस्मृति के महोदधि में बहाया जा सकता है? पुण्य के अंतिम गीत की तरह वह स्मृति ओंकार की जीवन-तंत्री में हमेशा पवित्र झंकार पैदा करती रहेगी–मानविकता का ओमकार बन उसकी चेतना को ऊर्ध्वगामी बनाती रहेगी।

स्वाहा की अविनश्वर, निष्कलुष आत्मा को फिर से प्रणाम करके लौट आया ओंकार।

लौटकर ओंकार ने देखा कि श्यामल बाबू की आँखें फिर नहीं खुलीं। वे केवल अपने कर्तव्य की समाप्ति की प्रतीक्षा में थे। परम प्रशान्ति के साथ वे चिर निद्रा में हैं। वे सेवा-निवृत्त हो गए हैं।

बेटी की तेरहवीं के दिन पवित्र पुरीधाम में चिताभस्म के विसर्जन के बाद श्यामल बाबू की परमानन्द प्राप्ति की बात भले ही कहानी जैसी लगे, लेकिन यह घटना सत्य थी।

वसुधा क्या जीवित रहेंगी? दुःख के बाद दुःख के धक्के सह सकेंगी?

सब के सामने यही एक सवाल था। बिस्तर पर पड़ी वसुधा कह रही थीं, ''सोचा था कि सेवा करते-करते जिन्दगी गुजर जाएगी। बेटी के गुजर जाने के बाद सोचा था कि पति की सेवा में बाकी का जीवन बीत जाएगा। बेटी की सेवा करते-करते पन्द्रह वर्षों से पति, गृहस्थी सब कुछ भूल गई थी। पन्द्रह वर्षों के दौरान एक बार भी उनके पास बैठ नहीं पाई। उन्होंने भी कभी बेटी से पल-भर के लिए मुझे दूर नहीं किया। इतने दुर्दांत व्यक्ति, इस तरह न्यून बनकर मेरी सारी अवहेलनाओं को सह लेंगे, इसका विश्वास नहीं था। वे यदि स्वाहा की तरह पक्षाघात का शिकार होकर वर्षों तक पड़े रहते और पन्द्रह वर्षों की अवहेलना को पाई-पाई वसूलते, तो भी मुझे कोई आपत्ति नहीं होती। मैं तो अब इंसान नहीं रही–सेविका बन चुकी हूँ। मुझे सेवा करने का मौका न देकर वे उधर से चले क्यों गए? बाप और बेटी में इस तरह का गोपनीय समझौता हुआ था, यह मैं कैसे जानती?'' वसुधा की आँखों के आँसुओं को देवी बड़ी सावधानी से पोंछ रही थी।

ओंकार ने सोचा था कि वसुधा भी गुजर जाएँगी बेटी की मृत्यु के बाद। लेकिन श्यामल बाबू की मृत्यु के बाद भी वे जीवित रहीं। वे अब न जननी थीं, न जाया। सचमुच वे सेविका बन चुकी थीं। दुःख के बाद दुःखों के आघात के कारण काफी दिनों से उनके अन्दर की जननी, उनके अन्दर की जाया, उनकी व्यक्ति-सत्ता मर चुकी थी। वहीं पैदा हुई थी परम कल्याणमयी सेविका की एक चेतना। भूखे-प्यासे, रोगी-दुःखी और सारे संसार के लिए एक करुणा की सेविका-मूर्ति उनमें उभर उठी थी। श्यामल बाबू सिर्फ एक पिता बनकर, एक व्यक्ति बनकर जी रहे थे। इसलिए बेटी के मृत्यु-शोक में चल बसे। संसार के लिए अब उनका कोई कर्तव्य नहीं है, यही सोचकर चले गए, सेवा-निवृत्त हो गए। अस्पताल में रोज़ सैकड़ों मरीज मरते हैं। सेविका के दिल को ठेस पहुँचती है। लेकिन उस सदमे से क्या वह चल बसती है? मन को दृढ़ बनाती है—सेवा का महामंत्र गाते हुए अगले दिन फिर से काम में जुट जाती है।

सेविका के दो कर्मठ हाथों को फैलाकर वसुधा हठ कर रही थीं, "मुझे सेवा करने का अवसर न देकर वे क्यों चले गए? वे अपनी ज़िद पर कायम रहे। सेवा किए बिना मैं कैसे जिऊँगी।"

ओंकार ने करुणामयी वसुधा के सेवापरायण हाथों को देखकर सोचा, "सहानुभूति, सदिच्छा, परोपकार, मनुष्य जाति के प्रति प्रेम, जीव-जन्तु, वृक्ष-लता, सभी प्राणियों से श्रद्धा और सार्वजनिक शुभेच्छा के बल पर जिस नारी के हृदय में विश्वात्मक प्रेम की फल्गु झर रही है, वे सभी दुःखों को पार करते हुए फिर से खुद को परिपूर्ण बना लेंगी। हाथ फैलाते ही नानादि रूपों में सेवा करने के अवसर उस प्रेममय हाथों में आ बसेंगे। परम दिव्यप्रेम की जो सृजनात्मक सामर्थ्य वसुधा में रूपायित हो पाई है, वह सामर्थ्य उनके निस्संग जीवन में सहायक होगी। सारे संसार को जो ममतायुक्त, प्रेममय आँखों से निहार रही हैं, वे कभी निस्संग हो सकती हैं!

❑❑❑

मुद्रक : लक्ष्मी प्रिन्टइंडिया, 556 जी. टी. रोड, शहादरा, दिल्ली-32